趣味热身

浴巾

（第 1—20 周使用）

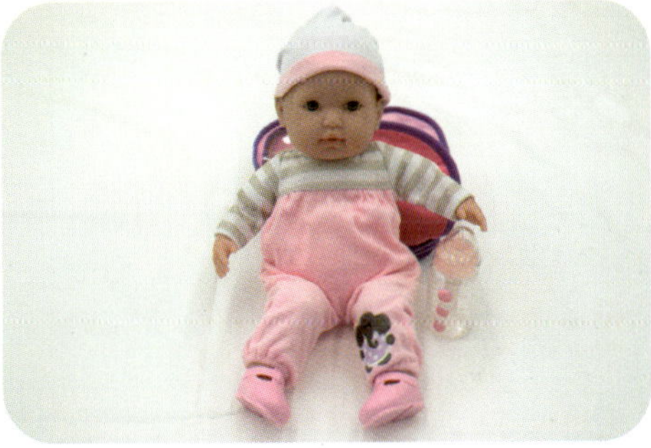

玩具娃娃

（第 1—20 周使用）

扭扭圈

（第 8—20 周使用）

亲子游戏

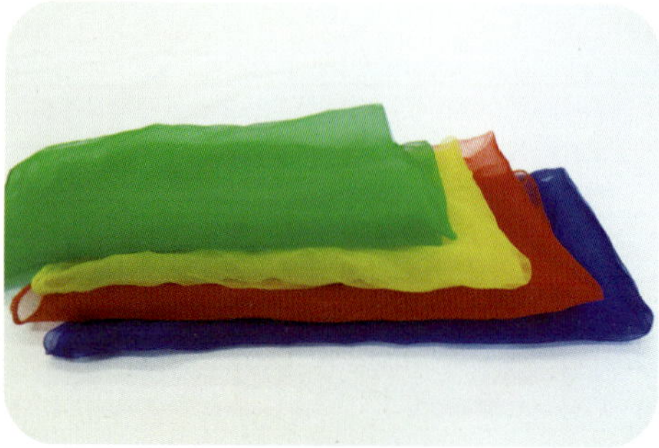

彩色纱巾

（第 1、第 8 周使用）

地鼓

（第 2、第 16 周使用）

蜘蛛手偶

（第 4 周使用）

腕铃

（第 4、第 19 周使用）

小鸟手偶

（第 5 周使用）

沙蛋

（第 5 周使用）

泡泡机

（第 6 周使用）

小泡泡器

（第 6 周使用）

乌龟手偶

（第 7 周使用）

沙锤

（第 7、第 14 周使用）

丝带棒

（第 8、第 17 周使用）

大毛球

（第 9 周使用）

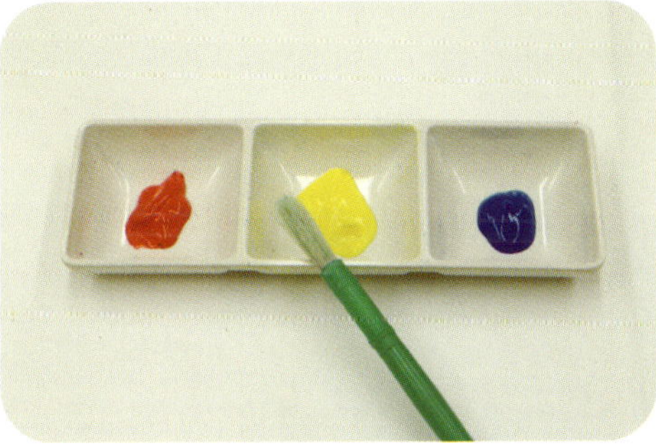

颜料盘

（第 9 周使用）

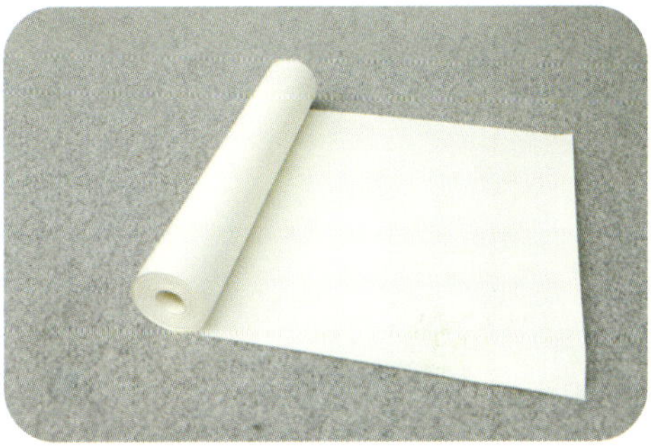

卷轴纸

（第 9 周使用）

神秘袋

（第 10 周使用）

小马手偶

（第 11 周使用）

亲子游戏

铃鼓

（第 11、第 13、第 18 周使用）

打棒

（第 12 周使用）

彩虹绳

（第 12、第 19 周使用）

玩具娃娃

（第 12 周使用）

老虎手偶

（第 14 周使用）

按摩球

（第 15 周使用）

小鼓

（第 16 周使用）

白色的大羽毛和彩色的小羽毛

（第 20 周使用）

探索发现

大块软质积木

（第 1 周使用）

长方形软垫

（第 1 周使用）

手鼓

（第 2 周使用）

地鼓

（第 2 周使用）

康加鼓

（第 2 周使用）

小鼓

（第 2 周使用）

彩虹宝塔

（第 3 周使用）

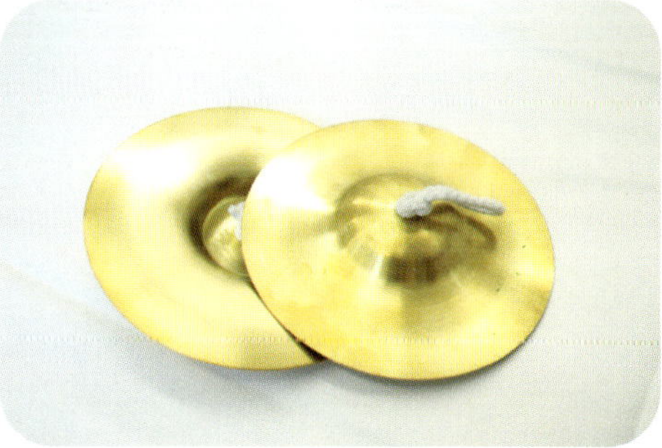

镲

（第 4 周使用）

探索发现

木制毛毛虫

（第 5 周使用）

抽纸盒

（第 6 周使用）

彩桩敲敲乐

（第 7 周使用）

小动物储蓄罐和塑料圆片

（第 8 周使用）

形状盒子

（第 9 周使用）

蔬菜卡片

（第 10 周使用）

蔬菜模型

（第 10 周使用）

切水果玩具

（第 11 周使用）

探索发现

动物串珠

（第 12 周使用）

沙锤

（第 13 周使用）

串铃

（第 13 周使用）

铃鼓

（第 13 周使用）

腕铃
（第 13 周使用）

滚轮和印章
（第 14 周使用）

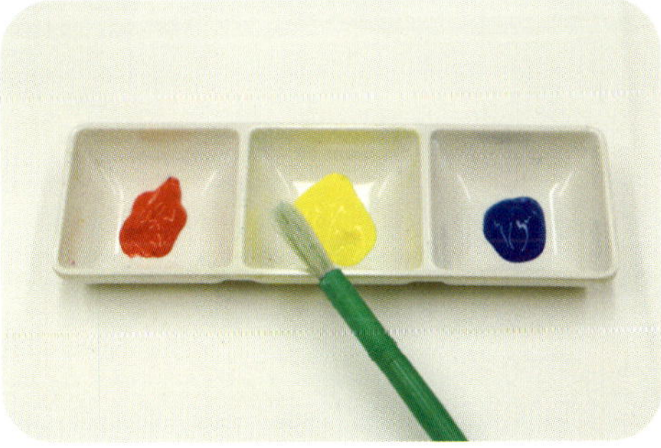

颜料盘
（第 14 周使用）

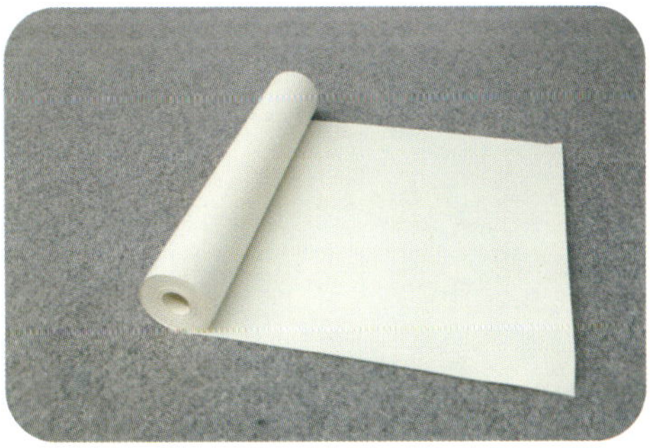

卷轴纸
（第 14 周使用）

探索发现

大孔珠子和彩色鞋带绳
（第 15 周使用）

收纳筐
（第 15 周使用）

拔萝卜玩具
（第 16 周使用）

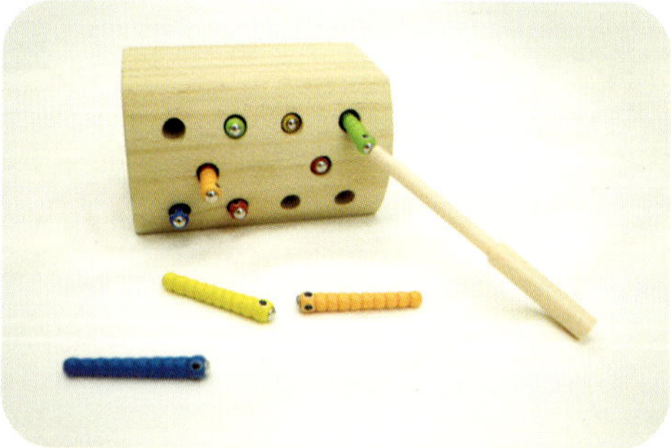

捉虫游戏盒
（第 17 周使用）

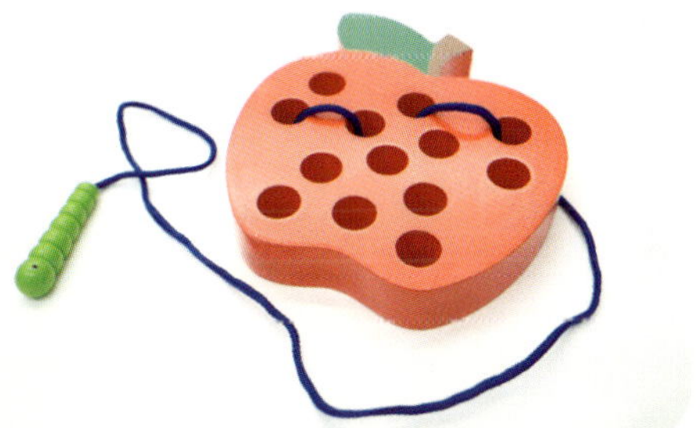

毛毛虫吃苹果玩具

（第 18 周使用）

笔袋

（第 19 周使用）

发声滚滚球

（第 20 周使用）

运动时光

海洋球

（第 1、第 2 周使用）

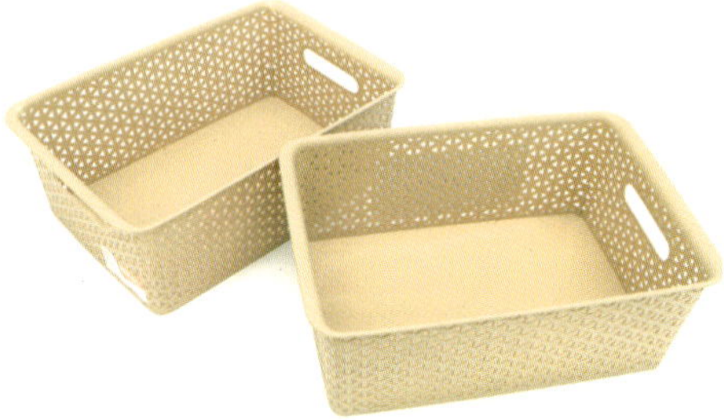

收纳筐

（第 1、第 2 周使用）

彩虹伞

（第 1、第 12、第 17 周使用）

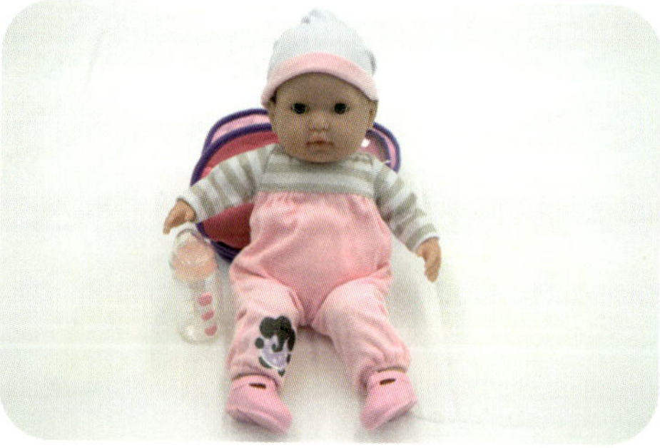

玩具娃娃

（第 1—4 周使用）

大龙球

（第 3、第 4 周使用）

圆软垫

（第 5 周使用）

平衡步道

（第 5、第 7 周使用）

长方形软垫

（第 5—8、第 11—12 周使用）

运动时光

步行运动组

（第 6 周使用）

彩虹接龙

（第 7 周使用）

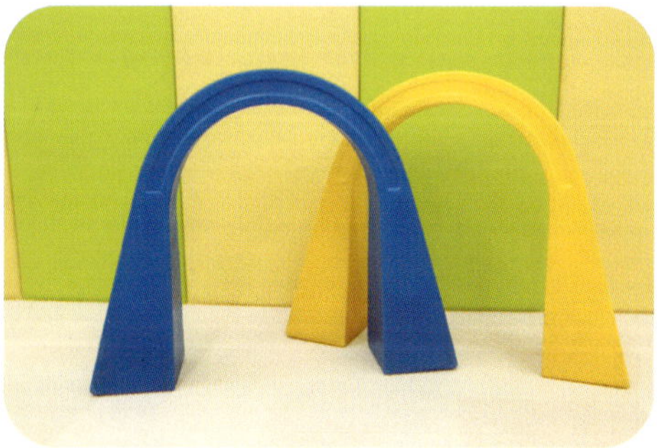

拱形门

（第 7、第 11、第 12 周使用）

圆墩

（第 8 周使用）

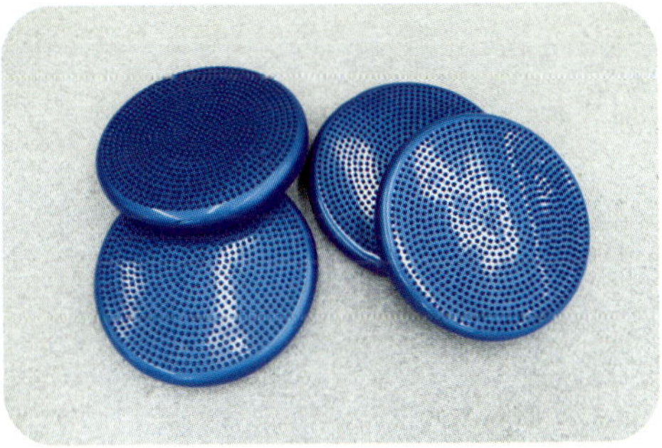

触觉垫

（第 9 周使用）

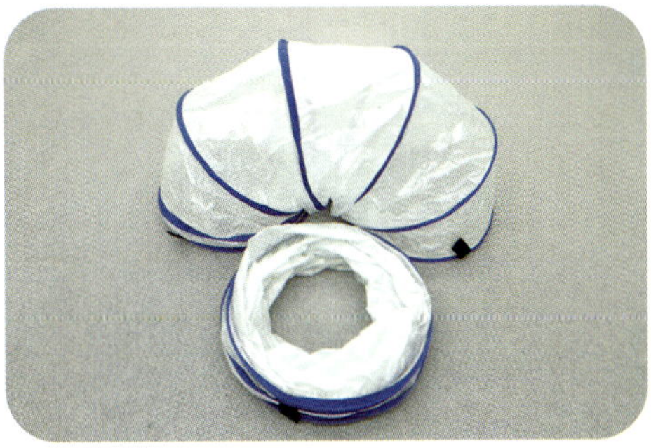

阳光隧道

（第 11、第 12 周使用）

圆形门

（第 11、第 12 周使用）

带靠背的小椅子

（第 13 周使用）

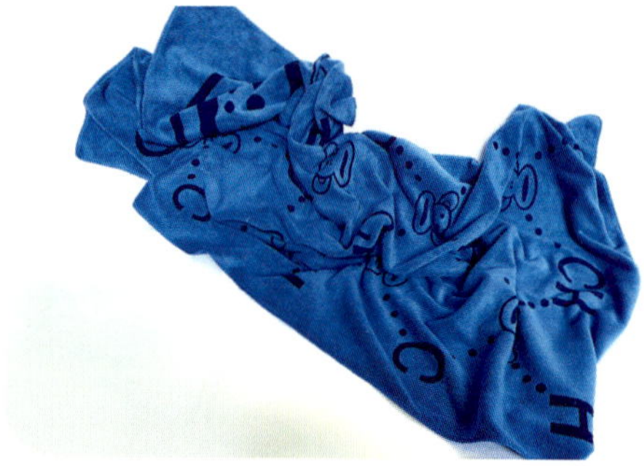

长方形毯子

（第 14、第 15 周使用）

小鱼玩偶

（第 15 周使用）

滑板车

（第 16 周使用）

西瓜球

（第 18 周使用）

球框

（第 18 周使用）

呼啦圈

（第 19 周使用）

自制的老鼠尾巴

（第 20 周使用）

舒缓放松

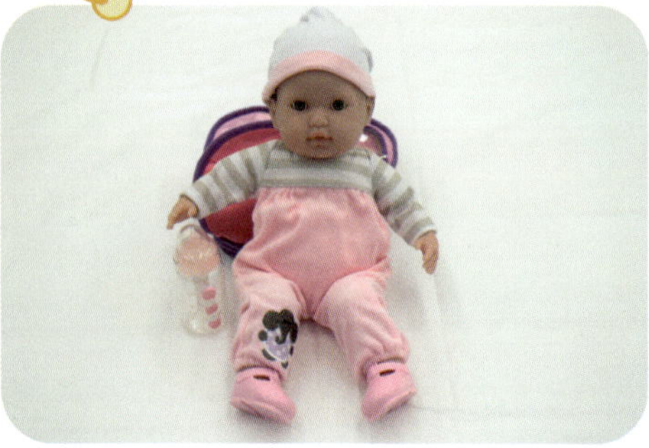

玩具娃娃

（第 1—20 周使用）

长方形软垫

（第 13—16 周使用）

北京师范大学实验幼儿园
早期教育课程方案·亲子课程

13—18个月

北京师范大学实验幼儿园◎主编

北京师范大学出版集团
BEIJING NORMAL UNIVERSITY PUBLISHING GROUP
北京师范大学出版社

图书在版编目（CIP）数据

北京师范大学实验幼儿园早期教育课程方案·亲子课程．13—18个月 / 北京师范大学实验幼儿园主编．—北京：北京师范大学出版社，2022.6（2024.1重印）
（0—3岁托育课程资源）
ISBN 978-7-303-27476-5

Ⅰ．①北… Ⅱ．①北… Ⅲ．①学前教育－教学参考资料 Ⅳ．①G613

中国版本图书馆CIP数据核字（2021）第241024号

官方客服电话 010－58806806
营销中心电话 010－58801759

BEIJING SHIFAN DAXUE SHIYAN YOU'ERYUAN ZAOQI JIAOYU KECHENG FANG'AN·QINZI KECHENG. 13—18 GE YUE

出版发行：北京师范大学出版社 www. bnupg. com
北京市西城区新街口外大街12-3号
邮政编码：100088
印　　刷：北京同文印刷有限责任公司
经　　销：全国新华书店
开　　本：787mm×1092mm　1/16
印　　张：11.5
插　　页：12
字　　数：196千字
版　　次：2022年6月第1版
印　　次：2024年1月第2次印刷
定　　价：35.00元

策划编辑：郭　放　郭思达　　责任编辑：孟　浩　赵鑫钰
美术编辑：袁　麟　　装帧设计：李尘工作室　思梵星尚
责任校对：康　悦　　责任印制：乔　宇

编 委 会

序 言

玉兰童子面，紫藤映红颜。忆昔承蒙养，展望新百年。

2022年4月16日，北京师范大学实验幼儿园（以下简称“北师大实验幼儿园”）已经走过了107个春秋。岁经百年，我园始终践行“以儿童为本”的教育理念，教养蒙童，哺幼开新，铢积寸累，蓬勃发展。在国家对学前教育发展高度重视的背景下，我园也致力于为促进学前教育的优质、均衡发展不断贡献力量：一方面，最大程度地为全国幼教同行提供各种学习与培训机会，特别重视对祖国边远地区、革命老区的支教帮扶；另一方面，陆续将记录幼儿园多年集体智慧的文字结集出版，包括《以儿童为本的教育研究与实践》《爱在小小舌尖：幼儿园营养美食》《幼儿发展性评价手册》和“幼儿园管理与教师培养丛书”等书籍，为同行提高办园质量提供经验与参考。

实现“幼有所育”是万千家庭的企盼。近年来，国家对3岁以下婴幼儿照护服务事业的发展日益重视。2010年7月颁布的《国家中长期教育改革和发展规划纲要（2010—2020年）》将学前教育单列一章，提出“重视0至3岁婴幼儿教育”。2017年12月召开的中央经济工作会议强调，“要针对人民群众关心的问题精准施策”“解决好婴幼儿照护和儿童早期教育服务问题”。2019年3月，“加快发展多种形式的婴幼儿照护服务，支持社会力量兴办托育服务机构”被写进政府工作报告。2019年5月，国务院办公厅正式发布的《关于促进3岁以下婴幼儿照护服务发展的指导意见》中首次提出“婴幼儿照护”的概念，明确了到2025年，“婴幼儿照护服务的政策法规体系和标准规范体系基本健全，多元化、多样化、覆盖城乡的婴幼儿照护服务体系基本形成，婴幼儿照护服务水平明显提升，人民群众的婴幼儿照护服务需求得到进一步满足”的发展目标。2020年

10月，中共十九届五中全会审议通过的《中共中央关于制定国民经济和社会发展第十四个五年规划和二〇三五年远景目标的建议》提出，“实施积极应对人口老龄化国家战略”“发展普惠托育服务体系”。一系列政策举措的出台为托育事业的发展奠定了基础，也掀起了托育教育的新高潮。

人生百年，立于幼学，蒙以养正，是为圣功。追溯我园0—3岁婴幼儿早期教育开展的历史，早在20世纪50年代，我园就开始招收56天至3岁的婴幼儿，在乳儿和婴儿的护理、保育、运动指导等方面积累了丰富的实践经验，为后续的婴幼儿早期教育实践奠定了基础。1985年，我园自主编写的《托儿所实用教材优秀教案汇编》包含了具体到每个月的婴幼儿教养特点及教育活动集锦，直至现在仍对我园0—3岁婴幼儿教育的开展发挥着作用。20世纪90年代，伴随着社会经济体制改革，幼儿园不再接收2岁以下的婴幼儿入托，但一直保留着适合2—3岁幼儿的全日托班。进入21世纪，为满足社会对优质教育资源的需求，我园积极响应北京市教育委员会关于“以幼儿园为依托的社区儿童早期教育基地建设工程”的号召，于2004年起陆续在校本部园、牡丹分园、奥林分园、望京分园创办了适合3岁以下婴幼儿的亲子班，并为3岁以下婴幼儿的家长开设专家讲座，举办家长沙龙，开展“亲子教育”宣传日活动。2005年9月，时任英国首相布莱尔的夫人亲自参加了北师大实验幼儿园中英早教基地挂牌仪式并剪彩。2011年，由于入托幼儿数量增加，幼儿园将适合2—3岁幼儿的全日托班改为半日制，一直延续至今。同年9月，幼儿园成立了融合3岁以下早教活动、亲子图书馆、家长学校等项目的早期教育实践基地，为周边社区家庭带来了科学的育儿指导和欢乐时光。

历经百年积淀，我园始终坚守“以儿童为本”的教育理念，在0—3岁早期教育管理、课程开发、师资培训、家教指导等方面积累了丰富的实践经验，形成了具有中国特色、管理规范、质量优良的早期教育服务体系，是北京市首批示范幼儿园之一、市区级早教示范基地，是代表北京最高办园水平的十佳幼儿园之一，更是众多家长首选的教育品牌。

每一个孩子都是家庭的希望，从蹒跚学步到咿呀学语，孩子生命最初的几年是其一生中大脑发育最为迅速的阶段。在这一关键时期，孩子需要有良好的亲子关系、科学的家庭养育及适宜的教育启蒙。“北京师范大学实验幼儿园早期教育课程方案”丛书是北师大实验幼儿园多年关于0—3岁婴幼儿早期教育实践智慧的结晶，我们希望能与广大早期教育工作者分享，并为0—3岁婴幼儿早期教育机构照护者及家长进行教育实践提供一定的参考和借鉴。

感谢在北师大实验幼儿园早期教育历史上做出贡献的前辈们，他们为我们留下了宝贵的财富；感谢参与编写的一线教师们，他们为课程提供了创意并付出了努力；也感谢北京师范大学出版集团对丛书的出版给予的大力支持。由于能力所限，书中难免存在不足之处，敬请读者提出宝贵意见。同时，这套丛书也是我们为庆祝北京师范大学120周年华诞和北师大实验幼儿园建园107周年献出的一份礼物。

黄　珊

2022年4月

于北京师范大学实验幼儿园

总 论

0—3岁是婴幼儿大脑发育的关键期，高质量的早期教育支持有利于促进婴幼儿身心健康发展，对其后续成长具有极其深远的影响。北师大实验幼儿园始终坚守“以儿童为本”的教育理念，基于对婴幼儿脑发育理论的研究，准确把握婴幼儿的年龄特点，以“培养健康乐观（乐）、善良有爱（爱）、文明礼貌（礼）、好奇智慧（智）、诚信立美（美）的儿童”为课程总目标，坚持创设丰富的环境，以科学适宜的早期教育活动保障婴幼儿的身心健康，促进其全面发展。

一、课程理念

（一）营造“以儿童为本”的教育氛围

儿童是永恒的求知者，他们从周围环境中吸收各种信息，并在与环境的互动过程中获得发展。良好的成长氛围、有爱的育人环境，对儿童成长的价值毋庸置疑。无论是物质环境的创建，还是精神环境——“家”氛围的营造，我们都应当将儿童居于中心地位。

环境是教育的场所，更是教育的载体。安全、整洁、温馨、和谐是环境创设的基本原则。环境中应该配有适合婴幼儿年龄特点、与其身材大小成比例、能激发其探索兴趣的各类玩具材料。这些材料要有美感，在视觉上要和谐，还要能吸引婴幼儿，使他们乐意去触摸、去自由挑选，让他们自主参与并乐在其中。

早期教育的场所应该是充满自由、爱和快乐的。要想营造这种氛围，家长和教师都应该尊重婴幼儿个体的差异性和多样性，创设自由、轻松的心理氛围，给予婴幼儿充分的自主选择权，不打扰他们专注于操作的活动，帮助他们快乐地、全身心地投入有意义的活动之中，实现最佳发展。

（二）培养全面发展的儿童

婴幼儿的学习与发展具有整体性，各个领域之间相互关联、相互作用、密不可分。在婴幼儿早期，所有的学习都始于身体，每一个动作的发展都在开发身体的能力，都在构建大脑丰富的神经通路。这对于婴幼儿的认知发展具有重要意义。伴随着婴幼儿的成长，其社会性、情绪的发展也极大地影响着婴幼儿的学习能力。我们以“培养健康乐观（乐）、善良有爱（爱）、文明礼貌（礼）、好奇智慧（智）、诚信立美（美）的儿童”为总目标，重视婴幼儿良好习惯的养成，致力于培养身心全面发展的儿童。

（三）教育要走在发展的前面

教育要走在发展的前面，要促进婴幼儿全面、充分、和谐发展，而且这种当前的发展应该能为婴幼儿将来的学习与发展奠定良好的基础，有助于婴幼儿将来的可持续发展。教师必须拥有广泛而扎实的婴幼儿发展理论知识，对个体发展有持续的观察和深刻的反思。只有这样，才能提供具有吸引力的游戏，理解婴幼儿游戏的过程和特点，给予其积极的支持和高水平的互动。教师必须参与到婴幼儿的学习过程中，基于婴幼儿的最近发展区布置具有挑战性的任务，有意识地激发、关注幼儿的学习需要。只有这样，才能促进婴幼儿主动、有效地学习。

（四）与家长建立合作伙伴关系

家长是儿童早期发展中排在第一位的重要他人，高质量的亲子陪伴会让早期教育取得事半功倍的效果。与家长建立合作伙伴关系，引导家长在参与活动的过程中理解婴幼儿的学习特点，提升育儿质量，是我们一直追求的目标。因此，我们致力于引导家长树立正确的教育观念，学习科学的育儿方法，建立良好的亲子关系。我们通过丰富多样的亲子活动，让家长在参与中体验和学习婴幼儿教育的有效方法；通过举办专业、实用的育儿讲座，组织参与式的家长沙龙，给予家长科学、具体的家庭教育指导。

二、课程组织实施原则

（一）尊重婴幼儿的年龄特点

0—3岁婴幼儿的发展非常依赖神经系统，特别是大脑的发育程度。早期教育更应该符合婴幼儿的成熟顺序，基于年龄特点引导其发展。对于0—3岁的婴幼儿而言，许多能力的习得离不开反复操作、感知产生的积累效应。我们不追求教育效果的即时性，而是遵循婴幼儿发展特点，设计多种重复和递进的活动，重视婴幼儿发展的潜在性和持续性。

（二）生活化

0—3岁的婴幼儿处于直觉行动思维阶段，他们通过直观感受和与周围事物的互动学习、成长，生活中的瓶瓶罐罐、锅碗瓢盆都是他们探索学习的好材料。因此，我们课程内容的选择与设计贴近生活，重视婴幼儿所在的社会、文化、生活背景，充分挖掘生活中事物的教育价值，将教育融入生活，并将其拓展、延伸至家庭教育之中。

（三）游戏化

游戏是婴幼儿学习和发展的重要途径，高水平的游戏能够促进婴幼儿多种能力的提高。我们的课程注重活动中每个婴幼儿的参与和体验，游戏化、情境化的活动设计能调动婴幼儿多种感官的参与，并使其获得愉悦的情绪体验。

三、课程使用说明

（一）课程安排说明

1. 适用对象

“北京师范大学实验幼儿园早期教育课程方案·亲子课程”是包含语言、艺术、体育、感觉统合等内容的综合游戏活动课程，适用于亲子教育机构的课程组织实施，也可为婴幼儿家长开展亲子游戏提供参考。为贴近亲子教育机构的日常工作实践，本课程以半岁（6个月）为一个年龄段编撰成册，每册包含序言、总论、活动案例三部分。课程频率为每周一次，每个年龄段共计20次亲子活动，大约用一学期的时间完成课程。教师在使用时可根据实际情况调整顺序，也可自行增减内容。

2.活动时长

根据婴幼儿的生理特点，不同年龄段婴幼儿的课程在单次活动的时间上有所差异。7—12个月婴儿的课程时间为每次45分钟，13—18个月和19—24个月幼儿的课程时间为每次60分钟。所有年龄段婴幼儿的课程都分为两个部分，中间有10分钟休息时间。第一部分以综合游戏活动为主，如语言活动、音乐活动、美术活动等；第二部分以体育游戏活动为主，如大肌肉游戏、感觉统合游戏等。

3.课程结构

由于7—24个月的婴幼儿在每个阶段的认知水平及学习特点上差异较大，因此，第一部分的活动在内容安排上也有所不同。比如，7—12个月、13—18个月的婴幼儿集中注意力的时间短，乐于探究新材料，因此，这两个年龄段婴幼儿的课程第一部分均包含趣味热身环节和2个游戏活动（其中专门设置了1个探索活动）。19—24个月的幼儿集中注意力的时间相对较长，第一部分根据每个具体活动所用时间的不同，酌情增减活动数量，部分周次包含2个亲子游戏活动，部分周次仅有1个。课程结构与内容如表0-1所示。本册具体的活动列表如表0-2所示。

表0-1　课程结构与内容

年龄段	课程结构	活动流程	活动内容	时长
7—12个月	第一部分：1环节+2活动	趣味热身		5分钟
		亲子游戏	活动1：综合游戏	10分钟
		探索发现	活动2：探索活动	5分钟
	休息			10分钟
	第二部分：1环节+1活动	运动时光	活动3：体育游戏	10分钟
		舒缓放松		5分钟
13—18个月	第一部分：1环节+2活动	趣味热身		5分钟
		亲子游戏	活动1：综合游戏	15分钟
		探索发现	活动2：探索活动	5分钟

续表

年龄段	课程结构	活动流程	活动内容	时长
13—18个月	休息			10分钟
	第二部分： 1环节+1活动	运动时光	活动3：体育游戏	20分钟
		舒缓放松		5分钟
19—24个月	第一部分： 2环节+2活动	趣味热身		5分钟
		相识问好		5分钟
		亲子游戏	活动1：综合游戏 活动2：综合游戏（部分周次无）	15分钟
	休息			10分钟
	第二部分： 1环节+1活动	运动时光	活动3：体育游戏	20分钟
		舒缓放松		5分钟

表0-2　活动列表（13—18个月）

周次	趣味热身	亲子游戏	探索发现	休息	运动时光	舒缓放松
1	动动小身体	咕咕钟与闹钟	搭积木	幼儿喝水、如厕，教师面向集体分享育儿方法或与个别家长做沟通反馈	炒豆豆	大钟摆
2		小手拍拍，小手敲敲	鼓类乐器		运球游戏	
3		打开打开	彩虹宝塔		好玩的大龙球1	
4		小蜘蛛	乐器镲		好玩的大龙球2	
5		两只小鸟	扭动的毛毛虫		爬行游戏1	舒缓按摩
6		吹泡泡	神秘盒		爬行游戏2	
7		小手爬呀爬	彩桩敲敲乐		彩虹接龙	
8	好玩的扭扭圈	“Bingo”	我给动物喂食		火车开动	
9		手掌印画	形状盒子		触觉垫	儿歌按摩
10		我爱我的小动物	蔬菜卡片		小动物找食物	
11		小马驮物	切水果		阳光隧道	
12		大马大马告诉我	穿珠子（动物串珠）		彩虹隧道	

续表

周次	趣味热身	亲子游戏	探索发现	休息	运动时光	舒缓放松
13	好玩的扭扭圈	踢踏	乐器箱	幼儿喝水、如厕，教师面向集体分享育儿方法或与个别家长做沟通反馈	椅子游戏	不倒翁
14		两只老虎	玩转颜料		好玩儿的毯子	
15	萝卜白菜	我的身体	穿珠子（鞋带绳）		坐小船	
16		大鼓小鼓	拔萝卜		滑板车	
17		大脚丫小脚丫	捉虫游戏盒		彩虹伞	拉大锯扯大锯
18		咿呀咿呀哟	毛毛虫吃苹果		好玩的西瓜球	
19		加油减速	好玩的笔袋		小马驾驾驾	
20		咯吱咯吱哈哈笑	会发声的滚滚球		小老鼠抓尾巴	

（二）课程实施建议

第一，每次课程的开始环节均为趣味热身，目的是吸引家长和婴幼儿的注意力，在唱唱跳跳的快乐氛围中，调动家长和婴幼儿的情绪，使其愉快进入下面的课程。根据0—3岁婴幼儿需要重复学习的特点，趣味热身环节的内容会出现多次重复的情况。年龄越小，重复的次数就越多，目的是通过反复练习，使婴幼儿熟练掌握。

第二，所有课程的第二部分均以体育游戏活动为主。其中，7—12个月婴儿的体育游戏活动中没有热身活动，因为此年龄段婴儿的课程时间较短，内容强度不大，不需要专门热身；13—18个月和19—24个月幼儿的体育游戏活动开始时均有热身活动，目的是活动身体各部位，为大肌肉的运动做好准备，每4节课更换一种热身活动。

第三，所有课程的最后环节均为舒缓放松，目的是舒缓婴幼儿的情绪，放松肌肉，每4节课更换一种放松活动。

第四，所有活动设计后面均附有给家长的话和给教师的建议，内容为给家庭教育提出的建议、对活动内容的讲解、重难点提示以及组织活动时需要注意的地方、可以替换的部分、给教师的启发与提醒等。

第五，本套课程中的部分玩教具比较专业，在每册图书的彩页中，我们对主要的玩教具进行了展示，并注明了使用的周次。部分如图画书等常见且不要求必须与文中保持一致的玩教具则未在彩页中展示。此外，部分玩教具对于家庭而言可能较难买到。因此，我们在部分玩教具后面注明了可以替代的生活中的常见物品，方便家长和教师使用。

第六，部分活动过程中有简短的教师组织语言，但并不能包含课程中教师的全部语言。因此，在组织活动的过程中，教师可结合活动进程及现场情况，创造性地添加组织语言。

第七，本套课程中的每个环节都标明了所用时间，但是组织活动的过程不是一成不变的。因此，教师可根据活动进程灵活安排时间，针对教育对象适时调整活动内容和时间长短。

第八，在19—24个月幼儿的课程中，第一部分在趣味热身结束后增加了相识问好环节。因为这个年龄的幼儿进入了语言发展的关键期，我们要多为幼儿提供练习说话的机会。每次相识问好环节的活动难度是递增的，这也是基于幼儿能力逐渐增强的发展特点设计的。

第九，0—3岁婴幼儿与其他学段儿童相比，在身心发展规律及特点上有较大区别。因此，广大婴幼儿教育工作者在使用本套丛书之前应具备一定的0—3岁婴幼儿发展的相关知识，如生理特点、学习特点、情绪特点及各个月龄婴幼儿的生理发展指标等。

目 录

第 一 周

第一周课程预览

课程结构	活动流程	活动名称	时 长
第一部分	趣味热身	动动小身体	5 分钟
	亲子游戏	咕咕钟与闹钟	15 分钟
	探索发现	搭积木	5 分钟
	休 息		10 分钟
第二部分	运动时光	炒豆豆	20 分钟
	舒缓放松	大钟摆	5 分钟

第一部分

趣味热身　动动小身体

活动准备

1. 实物：浴巾每个家庭一条、玩具娃娃一个。
2. 推荐音乐：《动动小身体》（奥尔夫音乐）。

活动过程

1. 教师与家长分别坐在浴巾上，围坐成一个圆圈。宝宝坐在家长身前或腿上。

   师："请家长每人取一条浴巾并坐在上面，让宝宝坐在您的身前或腿上，我们帮助宝宝活动活动身体吧！"

2. 播放音乐《动动小身体》，教师跟随音乐示范简单的动作。家长模仿教师的动作。

   示范动作如下：教师把玩具娃娃放躺在浴巾上，双手握着娃娃的双手。跟着音乐的节奏，摸摸娃娃的头，摸摸娃娃的肩膀，摸摸娃娃的膝盖，摸摸娃娃的脚，然后抱住娃娃。

给教师的建议

后期，教师可以跟着音乐编歌词，引导家长摸摸宝宝身体的其他部位。

亲子游戏　咕咕钟与闹钟

活动目标

1. 初步感知音乐节拍。
2. 增进与家长的亲子情感。

活动准备

1. 实物：彩色纱巾宝宝、家长每人一条。
2. 推荐音乐：《咕咕钟与闹钟》(奥尔夫音乐)。

活动过程

1. 家长怀抱宝宝与教师围坐成圆圈。教师表演儿歌《叮当》，引出活动主题。家长引导宝宝模仿教师的动作。此环节可重复两至三次。

   师："我有一只小小的铃铛、中中的铃铛，还有大大的铃铛。请家长和宝宝伸出手，和我一起学儿歌。"

   师："大大的铃铛(双臂前伸画大的方形)，叮、当，叮、当(双手叉腰左右摆头)；中中的铃铛(双手食指前伸画方形)，叮当，叮当，叮当，叮当(双手叉腰左右摆头)；小小的铃铛(双手食指前伸画很小的方形)，丁零零零零零(双手叉腰快速摇头)。"

2. 教师播放音乐《咕咕钟与闹钟》。

   师："丁零零零零零……小闹钟响了，起床啦！打个哈欠，伸个懒腰，然后把自己藏起来！咚，咚，咚，咚，咕咕！咕咕钟的钟摆摆动起来，我们跟着好听的音乐玩游戏！请家长让宝宝坐在您的怀里，双手挡住宝宝的脸，跟着音乐一起左右摆动起来！"

   教师结合音乐做动作，模仿咕咕钟里报时的小鸟藏起来(用双手挡在脸前)和钟摆左右摆动的样子。每当出现"咕咕"时，模仿小鸟探出头的样子(双手打开，露出笑脸)；出现"丁零零"时，则模仿闹钟响的样子(快速转动脑袋)。家长模仿教师的动作，并引导宝宝也跟着模仿。

3. 教师出示纱巾，并分发给每人一条纱巾。家长将纱巾盖在宝宝头上，然后迅速拿走纱巾，与宝宝玩藏猫猫游戏。

师："漂亮的纱巾找到你，找到我，把我藏起来了！我看到小朋友变成黄色的（纱巾颜色）了，你看到小朋友变成什么颜色的了？一、二、三，我又出现了！家长可以利用纱巾与宝宝进行藏猫猫游戏，也可以探索纱巾的其他玩法。"

4. 教师播放音乐《咕咕钟与闹钟》，家长将纱巾遮在宝宝面前，跟随音乐节奏左右摆动身体，带动宝宝与家长一起模仿教师的动作。

师："现在我们跟着好听的音乐，和纱巾一起玩游戏啦！"

5. 活动结束，请家长引导宝宝将纱巾送回教师指定的地方。

给家长的话

感受音乐的方式有很多种。本次活动就是通过玩纱巾让宝宝感受音乐的节拍。相信每位妈妈都有漂亮的纱巾，在家也可以和宝宝玩这样的小游戏。在游戏中，让宝宝观察纱巾飘落的样子。用纱巾玩藏起来的游戏，也是他们非常喜欢的。

给教师的建议

第一次课程中应该有之前参加过7—12个月班课程的家长和宝宝，也会有新加入的家长和宝宝。教师用饱满的情绪调动家长和宝宝参与其中非常重要，也要尽快记住新加入的家长和宝宝。

探索发现　搭积木

活动目标

1. 能将两块积木叠放在一起。
2. 体验搭积木的乐趣。

活动准备

实物：大块软质积木每个宝宝6块，长方形软垫1块（可用能放置积木和易移动的大块布或容器代替）。

活动过程

1. 教师出示散放在长方形软垫上的大块积木，拿起一块积木，放在面前，然后再拿起一块积木叠放在第一块积木的上面。采用相同的方法，每次取一块积木，直到将所有积木叠放在一起为止。搭好后，吸引宝宝的注意力，将积木轻轻推倒。

   师："今天，我们用积木搭高楼，宝宝看我是怎么做的。搭好的高楼真高呀！我用手轻轻一推，哗！积木全倒了。不用担心，还想玩的话，我们可以继续搭。"

2. 教师向家长简单介绍本次探索活动的重点和目的。

   师："今天的探索活动主要是让宝宝练习叠放，并能将积木搭高，促进宝宝手眼协调能力的发展，同时锻炼宝宝手部肌肉的控制力。家长在引导宝宝搭积木时，要尊重宝宝的创造意愿，鼓励宝宝搭建自己喜欢的造型，不必单纯地模仿我。若宝宝搭的兴趣不大，也可家长先来搭，宝宝来推，然后慢慢引导宝宝也来搭积木。"

3. 宝宝进行探索和操作，家长引导宝宝，并适时进行互动。教师观察宝宝的探索情况及家长与宝宝的互动情况，适时给予指导。
4. 活动结束，家长引导宝宝将积木送回教师指定的地方。

给家长的话

在日常生活中，也可引导宝宝用小盒子、纸筒、奶粉罐等物品来搭建。家长可边玩边和宝宝说话，如"搭高楼，给奶奶，给爷爷，给妈妈"等，促进宝宝语言的发展。家长要鼓励宝宝，让宝宝自由发挥创造力，搭出自己喜欢的造型。在活动的过程中，宝宝最感兴趣的环节就是推倒搭好的积木。他们会在这个推倒的过程中感受到自己的能力，会很有成就感。

给教师的建议

在探索活动中，教师应注意观察宝宝的行为动作，观察家长和宝宝的互动，给予家长既有效又有价值的指导和建议，这非常重要。与家长的交谈要简短到位，不要占用太长时间。对于有特殊问题的家长和宝宝，可以活动结束后再找机会与其深入交流。

休息时间：播放轻音乐
宝宝喝水、如厕，教师面向集体分享育儿方法
或与个别家长做沟通反馈。

第二部分

运动时光　炒豆豆

活动目标

1. 锻炼手眼协调能力。
2. 体验参与游戏的乐趣。

活动准备

实物：玩具娃娃一个、海洋球若干、收纳筐两个、彩虹伞一个。

活动过程

1. 热身活动“小飞机”。

教师面对家长和宝宝站立，双手扶住玩具娃娃腋下，将玩具娃娃向上、向下、向左、向右摆动，并请家长双手扶住宝宝腋下，模仿教师的动

作。重复几次后，请家长将宝宝放下，短暂休息。教师收起玩具娃娃。

师："小飞机飞起来喽！向上、向下、向左、向右……"

2. 教师向家长和宝宝出示海洋球和收纳筐，介绍游戏玩法。

师："一会儿，老师会把海洋球抛向空中。待球落地后，请家长鼓励宝宝去捡球，捡到球后引导宝宝将球放入筐中。"

3. 教师将海洋球抛向空中，待球落地后引导宝宝捡球，并提示家长及时对捡到球的宝宝给予鼓励。

4. 待所有的球都被捡回来后，教师再次将球抛向空中，并鼓励宝宝捡球。此过程可视宝宝参与的情况反复进行。

5. 教师在教室中央铺上彩虹伞，请宝宝将球放到伞上。

6. 教师、家长、宝宝抓住伞边，听教师口令上下抖动彩虹伞，让海洋球随着彩虹伞的抖动而跳动。

师："炒豆豆、炒豆豆，炒了一盘大豆豆，我们一起炒豆豆。"

7. 教师带动家长和宝宝反复抖动彩虹伞，同时一起说儿歌，使海洋球不停跳动。当所有的海洋球都掉到彩虹伞外面后，教师与家长停止抖动彩虹伞，并鼓励宝宝将球捡回放到彩虹伞上。

8. 教师根据宝宝参与游戏的情况，适时结束活动。收起海洋球和彩虹伞，请家长与宝宝坐在原地休息。

给家长的话

本次活动通过让宝宝不断地去捡海洋球，锻炼其手眼协调能力，同时还可以提升宝宝对身体的控制能力，为身体素质的全面发展打好基础。在家里，我们也可以准备类似的活动，鼓励宝宝去"捡东西"，从而达到锻炼的效果。

给教师的建议

本次活动的重点在"捡"的动作练习，但是难点在于如何让宝宝有兴趣地去捡。因此，教师要创设兴趣点去吸引宝宝。海洋球就是宝宝的兴趣所在。在彩虹伞上"炒豆豆"，也是为了达到同样的目的。

舒缓放松　大钟摆

活动准备

实物：玩具娃娃一个。

活动过程

1. 教师站在家长和宝宝的对面。
2. 教师双手托住玩具娃娃腋下，请家长模仿教师的动作托起宝宝。
3. 教师一边说儿歌，一边向上、向下、向左、向右由慢及快摆动娃娃，并请家长模仿教师做同样的动作。

   师："大钟摆，摆一摆，一上一下转起来。"
4. 此游戏可反复进行。

第 二 周

第二周课程预览

课程结构	活动流程	活动名称	时长
第一部分	趣味热身	动动小身体	5 分钟
	亲子游戏	小手拍拍，小手敲敲	15 分钟
	探索发现	鼓类乐器	5 分钟
休息			10 分钟
第二部分	运动时光	运球游戏	20 分钟
	舒缓放松	大钟摆	5 分钟

第一部分

趣味热身　动动小身体

活动准备

1. 实物：浴巾每个家庭一条、玩具娃娃一个。
2. 推荐音乐：《动动小身体》（奥尔夫音乐）。

活动过程

1. 教师与家长分别坐在浴巾上，围坐成一个圆圈。宝宝坐在家长身前或腿上。

   师："请家长每人取一条浴巾并坐在上面，让宝宝坐在您的身前或腿上，我们帮助宝宝活动活动身体吧！"

2. 播放音乐《动动小身体》，教师跟随音乐示范简单的动作。家长模仿教师的动作。

   示范动作如下：教师把玩具娃娃放躺在浴巾上，双手握着娃娃的双手。跟着音乐的节奏，摸摸娃娃的头，摸摸娃娃的肩膀，摸摸娃娃的膝盖，摸摸娃娃的脚，然后抱住娃娃。

给教师的建议

后期，教师可以跟着音乐编歌词，引导家长摸摸宝宝身体的其他部位。

亲子游戏　小手拍拍，小手敲敲

活动目标

1. 初步学习儿歌，模仿教师做动作。
2. 感受音乐的节拍。

活动准备

1. 实物：地鼓每个家庭一个（可用大鼓或小堂鼓代替，也可用较牢固的纸箱代替）。
2. 推荐音乐：*Marching and Drumming*。

活动过程

1. 教师引导家长和宝宝伸出手摆一摆、拍一拍，伸出手指敲一敲，然后示范表演儿歌《小手拍拍，小手敲敲》。教师引导家长和宝宝重复儿歌两至三遍。

   师："小手拍拍，小手拍拍，小手拍一拍，啦啦啦，啦啦啦啦啦。（摆手，拍手，摆手，拍手，转动手腕。）小手敲敲，小手敲敲，小手敲一敲，啦啦啦，啦啦啦啦啦。（伸出食指摆动，敲手指，伸出食指摆动，敲手指，转动手腕。）"
2. 教师边哼唱音乐*Marching and Drumming*的旋律，边随节奏拍腿。家长和宝宝模仿教师的动作。
3. 教师播放音乐*Marching and Drumming*。宝宝跟随音乐节奏拍腿或拍击身体其他部位，也可以模仿教师的动作。家长可跟随音乐节奏轻拍宝宝的身体部位，如肩膀、背部、大腿等，让宝宝感受音乐的节拍。
4. 教师出示地鼓，并分发给每个家庭一个。家长引导宝宝探索地鼓（可拍鼓、敲鼓、挠鼓，轻轻地拍、重重地拍，慢慢地拍、快快地拍等）。
5. 教师播放音乐*Marching and Drumming*，引导家长与教师一起跟随音乐节奏拍鼓。家长引导宝宝模仿教师拍鼓。
6. 活动结束，家长引导宝宝将地鼓送回教师指定的地方。

给家长的话

活动中，教师会给宝宝提供不同的拍法，让宝宝来感受。对宝宝来说，愿意尝试，能对乐器感兴趣，能和教师一起做就可以了。宝宝可以模仿成人拍鼓的速度和节奏的变化，也可以自由发挥，慢慢拍出固定的节奏。宝宝年龄小，拍出的节奏可能是不规律的、简单的。也可能宝宝没有完全模仿我们，或者根本就不听，他们更喜欢自己制造声音。活动的过程就是让宝宝在多次的重复中学习、感受、探索的过程。因此，家长更要参与其中，和教师一起给宝宝提供多样的、丰富的节奏，让宝宝有不同的感受。

给教师的建议

地鼓面积很大，若数量不够，可以两个家庭共用一个。若没有地鼓，其他乐器和能敲击出声音的物品都可以替代地鼓。

探索发现　鼓类乐器

活动目标

1. 探索鼓类乐器，尝试让不同的鼓发出声音。
2. 喜欢乐器，喜欢听不同的声音。

活动准备

1. 实物：手鼓、地鼓、康加鼓、小鼓各5个（也可用其他鼓类乐器代替）。
2. 推荐音乐：*Marching and Drumming*。

活动过程

1. 教师展示不同的鼓类乐器，并向家长和宝宝简单介绍乐器的名称和基本的操作方法。

   师："今天，我带来了很多乐器朋友，它们都是鼓，但名字不一样，发出的声音也不一样。现在我们来看看都有哪些好玩的鼓。"

2. 教师向家长简单介绍本次探索活动的重点和目的，然后将鼓类乐器散放在场地中间，邀请宝宝前来选取自己喜欢的乐器。

师："今天的探索活动由前面的亲子游戏延伸而来，目的是让宝宝探索多种乐器，尝试让不同乐器发出声音，倾听和感受不同的声音。家长在引导宝宝时，不用刻意强调乐器的名称或强迫宝宝按我的方式去操作乐器。只要他乐于把玩各种乐器，专注于让乐器发出声音就好。我们要鼓励宝宝大胆探索，用多种方式让乐器发声。"

3. 宝宝开始探索和操作不同的乐器，家长进行引导。教师观察宝宝的探索情况及家长与宝宝互动的情况，适时给予指导。

4. 请家长和宝宝选取喜欢的乐器。教师播放音乐*Marching and Drumming*，家长与宝宝使用乐器为音乐伴奏。

师："现在，请家长和宝宝每人选一件喜欢的乐器，我们一起为音乐*Marching and Drumming*伴奏吧！"

5. 活动结束，家长引导宝宝将乐器送回教师指定的地方。

给家长的话

在乐器探索中，宝宝的学习方式主要有两种：视觉学习和听觉学习。宝宝对外界的声音很敏感，他们会通过自己的方式探索乐器，感受不同乐器发出的声音，并跟随自己的节奏去表现。我们不必要求宝宝现在就必须知道乐器的名称，更多是让宝宝去探索乐器，倾听不同的声音。在家里，家长可以给宝宝听一些经典的曲子，也可以尝试自制一些小乐器，给宝宝提供感受声音的机会。去户外玩耍时，还可以引导宝宝去听听动物的叫声，去倾听大自然的声音。

给教师的建议

关于乐器的演奏方法，教师一定要示范正确。宝宝即将进入秩序敏感期，要注意培养宝宝乐器的收放意识，养成良好的习惯。

休息时间：播放轻音乐

宝宝喝水、如厕，教师面向集体分享育儿方法

或与个别家长做沟通反馈。

第二部分

运动时光　运球游戏

活动目标

1. 锻炼持物走的能力。
2. 体验简单的游戏规则。

活动准备

实物：玩具娃娃一个、海洋球若干、收纳筐两个。

活动过程

1. 热身活动“小飞机”。

教师面对家长和宝宝站立，双手扶住玩具娃娃腋下，将玩具娃娃向上、向下、向左、向右摆动，并请家长双手扶住宝宝腋下，模仿教师的动作。重复几次后，请家长将宝宝放下，短暂休息。教师收起玩具娃娃。

师：“小飞机飞起来喽！向上、向下、向左、向右……”

2. 教师向家长和宝宝出示海洋球和收纳筐，介绍游戏规则。

师：“一会儿，老师会把海洋球抛向空中。待球落地后，请家长鼓励宝宝去捡球，捡到球后引导宝宝找到收纳筐并将球放入筐中。”

3. 教师将海洋球抛向空中，并将收纳筐放在教室中央。
4. 教师引导家长鼓励宝宝去捡球，捡到球后将球放入筐中。重复此过程。
5. 待所有球都被捡回并放入收纳筐后，教师和家长给予宝宝语言上和肢体上的鼓励，如竖大拇指、亲一亲、抱一抱等。然后，教师再次将球抛起，重复刚才的游戏。
6. 待宝宝再次将球捡回并放入收纳筐后，教师将海洋球放在教室一侧，另一侧放上空的收纳筐。向家长和宝宝介绍游戏规则。

   师："请宝宝每次拿一个海洋球，放入对面的筐中。"

   师："家长可在旁边保护宝宝，并不断用语言鼓励他，让宝宝独立完成。"
7. 游戏开始，宝宝每次从教室一侧拿起一个海洋球放入另一侧的收纳筐中，然后再回来取下一个球。如此反复，直至所有的球都放入筐中。
8. 教师通过观察宝宝参与游戏的情况和体能情况，适时结束游戏，收起海洋球和收纳筐，请家长和宝宝坐在原地休息。

给家长的话

本次活动是上次活动的延伸，但是跟上次活动相比，在游戏规则上进行了拓展。通过让宝宝理解捡球并将球放入筐的过程，帮助其初步体验游戏规则，这为宝宝体验更复杂的规则奠定了基础。同时，本次活动依然锻炼了宝宝的手眼协调能力，以及持物走的能力。

给教师的建议

本次活动延续了上次活动的部分教育目标，如练习走、锻炼手眼协调能力，而且通过反复送球，加大了运动量，同时让宝宝初步体验了一些简单的游戏规则。这些均可为后面的活动做准备。

舒缓放松　大钟摆

活动准备

实物：玩具娃娃一个。

活动过程

1. 教师站在家长和宝宝的对面。
2. 教师双手托住玩具娃娃腋下，请家长模仿教师的动作托起宝宝。
3. 教师一边说儿歌，一边向上、向下、向左、向右由慢及快摆动娃娃，并请家长模仿教师做同样的动作。

   师："大钟摆，摆一摆，一上一下转起来。"
4. 此游戏可反复进行。

第 三 周

第三周课程预览

课程结构	活动流程	活动名称	时 长
第一部分	趣味热身	动动小身体	5 分钟
	亲子游戏	打开打开	15 分钟
	探索发现	彩虹宝塔	5 分钟
休 息			10 分钟
第二部分	运动时光	好玩的大龙球 1	20 分钟
	舒缓放松	大钟摆	5 分钟

第一部分

趣味热身　动动小身体

活动准备

1. 实物：浴巾每个家庭一条、玩具娃娃一个。
2. 推荐音乐：《动动小身体》（奥尔夫音乐）。

活动过程

1. 教师与家长分别坐在浴巾上，围坐成一个圆圈。宝宝坐在家长身前或腿上。

   师："请家长每人取一条浴巾并坐在上面，让宝宝坐在您的身前或腿上，我们帮助宝宝活动活动身体吧！"

2. 播放音乐《动动小身体》，教师跟随音乐示范简单的动作。家长模仿教师的动作。

   示范动作如下：教师把玩具娃娃放躺在浴巾上，双手握着娃娃的双手。跟着音乐的节奏，摸摸娃娃的头，摸摸娃娃的肩膀，摸摸娃娃的膝盖，摸摸娃娃的脚，然后抱住娃娃。

给教师的建议

后期，教师可以跟着音乐编歌词，引导家长摸摸宝宝身体的其他部位。

亲子游戏　打开打开

活动目标

1. 能够说出“打开”。
2. 喜欢图画书，能安静地倾听故事。

活动准备

实物：图画书《打开打开》一本，纸盒一个，手偶（小鸡、小鸭、小狗、小猫、小鸟、小羊、小牛、小猪等）若干。

活动过程

1. 教师出示图画书《打开打开》，引起宝宝的兴趣。

   师：“今天，老师带来了一本好看的图画书。现在，我请各位家长抱着宝宝往前坐，保证宝宝都能看到图画书。”

2. 教师有感情地讲读图画书，宝宝与家长安静地倾听。

   师：“现在，我来为宝宝讲读图画书。请家长在宝宝欣赏图画书的时候，不要模仿教师说话，不要打扰宝宝倾听。”

3. 讲读完图画书后，教师出示神秘纸盒。家长引导宝宝说“打开”后，教师将纸盒打开，并将其中的手偶展示给宝宝看。

   师：“我这里有一个神秘纸盒，宝宝想知道里面是什么吗？当你说‘打开’的时候，老师就会把神秘纸盒打开哦。”

4. 教师邀请宝宝上前选取手偶，并坐回家长旁边。
5. 宝宝自由探索手偶，家长进行互动和引导。
6. 活动结束，家长引导宝宝将手偶放回纸盒，并把纸盒送回教师指定的地方。

给家长的话

我们通过图画书和互动游戏来让宝宝尝试说出“打开”，培养宝宝的语言表达能力和良好的阅读习惯。宝宝需要不断地重复学习，才能获得经验。平常在家，家长也可以找一个漂亮的盒子，放几个小玩具进去，引导宝宝说“打开”，然后和宝宝一起打开盒子，看看里面有什么。互动时，可多和宝宝重复图画书中的简单句式。处于语言敏感期的宝宝需要大量的语言刺激，早期阅读也是帮助宝宝发展语言能力的一个非常重要的途径。所以，建议家长每天抽出一点时间陪宝宝阅读图画书哦！

给教师的建议

教师需要向家长强调在语言敏感期多跟宝宝说话及阅读的重要性。教师也要做好日常学习，广泛阅读各类图画书及关注新出版的图画书，并跟家长分享一些适合这个年龄段的宝宝阅读的图画书。

探索发现　彩虹宝塔

活动目标

1. 练习“套”的动作，锻炼手眼协调能力。
2. 增进亲子情感。

活动准备

实物：彩虹宝塔每个宝宝一套。

活动过程

1. 教师出示彩虹宝塔，并示范操作方法：将彩虹宝塔上的圆圈一个一个取下来，放到旁边，然后再按从大到小的顺序逐一套回去。

   师：“今天，我带来了彩虹宝塔，上面有不同颜色的圆圈，我把它们一个一个取下来。现在，我要把这些圆圈套回去，先找到最大的圆圈，然后从剩下的里面找最大的圆圈……”

2. 教师向家长简单介绍本次探索活动的重点和目的，并邀请宝宝上前取彩虹宝塔。

   师：“今天的探索活动主要是让宝宝练习‘套’的动作，促进手眼协调能力的发展。因为彩虹宝塔的底座是有弧度的，在宝宝操作的时候会晃动，所以家长可以帮宝宝扶住玩具的底座。宝宝现在年龄小，只要能把圆圈套回去就可以了。套圈也是一项很难的技术。等宝宝操作熟练后，家长还可以引导宝宝按从大到小的顺序进行套圈，这对宝宝来说是很大的挑战。家长要有耐心。宝宝放圆圈的顺序出错是很正常的，不要急于帮助宝宝，这样反而会剥夺他练习和学习的机会。”

3. 宝宝进行探索和操作，家长引导宝宝，并适时进行互动。教师观察宝宝的探索情况及家长与宝宝的互动情况，适时给予指导。
4. 活动结束，家长引导宝宝将玩具送回教师指定的地方。

给家长的话

本次探索活动中，彩虹宝塔是一个很有操作性的教具，其主要作用是让宝宝练习“套”的动作，促进手眼协调能力的发展。这个教具还有排序的玩法，但由于宝宝年龄小，我们不用刻意强调宝宝在一次活动中必须按从大到小的顺序套圈。宝宝在操作的过程中可能会遭遇很多挫折。家长要注意，这正是宝宝探索和培养抗挫能力的机会，放手让宝宝多尝试，不要轻易打断他。当宝宝出现游离状态或表现出着急情绪时，我们再适时给予指导。

给教师的建议

探索环节需要教师的细致观察。教师可以集中时间观察某个家庭的互动情况，也可以在多次课程中对一个家庭进行连续的观察，在观察的基础上分析并给出教育建议，这样指导家长才会更有根据。

休息时间：播放轻音乐

宝宝喝水、如厕，教师面向集体分享育儿方法

或与个别家长做沟通反馈。

第二部分

运动时光　好玩的大龙球1

活动目标

1. 感受大龙球表面的凸刺，刺激触觉发展。
2. 愿意在大龙球上感受不同方向上的移动。

活动准备

实物：大龙球每个宝宝一个、玩具娃娃一个。

活动过程

1. 热身活动“小飞机”。

教师面对家长和宝宝站立，双手扶住玩具娃娃腋下，将玩具娃娃向上、向下、向左、向右摆动，并请家长双手扶住宝宝腋下，模仿教师的动作。重复几次后，请家长将宝宝放下，短暂休息。教师收起玩具娃娃。

师：“小飞机飞起来喽！向上、向下、向左、向右……”

2. 教师出示大龙球，并将大龙球推到每个宝宝面前，引导家长带领宝宝观察大龙球的样子，感知大龙球的表面特征，鼓励宝宝触摸大龙球，感受表面的凸刺。

师：“宝宝可以摸一摸大龙球，上面有小凸刺，摸一摸很舒服。”

3. 教师发给每个宝宝一个大龙球，请家长带着宝宝在教室中玩推大龙球的游戏。也可以请宝宝推着球在教室中走一走，提高宝宝对球的熟悉度。

4. 教师双手扶住玩具娃娃腋下，将娃娃放到大龙球上，使娃娃呈坐的姿势。请家长模仿教师的动作，双手扶住宝宝腋下，让宝宝坐在大龙球上。然后，轻轻摆动宝宝的身体，让宝宝的身体带动大龙球缓慢转动。

5. 教师发出“向前、向后、向左、向右”的指令，引导家长双手扶住宝宝并根据教师的指令做动作。若宝宝情绪稳定，教师可以提示家长逐渐加大宝宝身体摆动的幅度，加深皮肤触觉的刺激。

   师：“如果家长觉得宝宝情绪波动大，或者有抵触的动作，那么不要勉强宝宝。可以先抱起他来看一看旁边小朋友的活动，待宝宝情绪稳定了再进行游戏。”

6. 球上游戏可反复进行。教师根据宝宝的参与情况适时结束活动，并请家长与宝宝坐在原地休息。

给家长的话

大龙球对于刺激和促进宝宝触觉的发展有着很好的作用，同时，球上游戏还可以发展宝宝的前庭觉。但是，有些宝宝在第一次接触大龙球时会对庞大的球体和球体上的凸刺有抵触情绪。此时不用勉强宝宝，可以先缓解其焦虑情绪，待其情绪稳定后，再引导其重新进入游戏。这个过程其实也是宝宝个体发展的过程。

给教师的建议

在进行球上游戏时，教师一定要关注家长双手的位置。家长一定要扶住宝宝的腋下，不要拽宝宝的大臂，否则容易导致桡骨头半脱位。还有一点需要注意，教师心中要明确，并非所有的宝宝都可以在第一次接触时就适应大龙球的游戏。因此，如果宝宝出现抵触情绪，那么应该及时请家长停止，避免加重宝宝对于游戏内容的恐惧感。

舒缓放松　大钟摆

活动准备

实物：玩具娃娃一个。

活动过程

1. 教师站在家长和宝宝的对面。
2. 教师双手托住玩具娃娃腋下，请家长模仿教师的动作托起宝宝。
3. 教师一边说儿歌，一边向上、向下、向左、向右由慢及快摆动娃娃，并请家长模仿教师做同样的动作。

   师："大钟摆，摆一摆，一上一下转起来。"
4. 此游戏可反复进行。

4

第四周

第四周课程预览

课程结构	活动流程	活动名称	时长
第一部分	趣味热身	动动小身体	5 分钟
	亲子游戏	小蜘蛛	15 分钟
	探索发现	乐器镲	5 分钟
	休息		10 分钟
第二部分	运动时光	好玩的大龙球 2	20 分钟
	舒缓放松	大钟摆	5 分钟

第一部分

趣味热身　动动小身体

活动准备

1. 实物：浴巾每个家庭一条、玩具娃娃一个。
2. 推荐音乐：《动动小身体》（奥尔夫音乐）。

活动过程

1. 教师与家长分别坐在浴巾上，围坐成一个圆圈。宝宝坐在家长身前或腿上。

   师："请家长每人取一条浴巾并坐在上面，让宝宝坐在您的身前或腿上，我们帮助宝宝活动活动身体吧！"

2. 播放音乐《动动小身体》，教师跟随音乐示范简单的动作。家长模仿教师的动作。

   示范动作如下：教师把玩具娃娃放躺在浴巾上，双手握着娃娃的双手。跟着音乐的节奏，摸摸娃娃的头，摸摸娃娃的肩膀，摸摸娃娃的膝盖，摸摸娃娃的脚，然后抱住娃娃。

给教师的建议

后期，教师可以跟着音乐编歌词，引导家长摸摸宝宝身体的其他部位。

亲子游戏 小蜘蛛

活动目标

1. 初步感知音乐节拍。
2. 体验亲子游戏的乐趣。

活动准备

1. 实物：蜘蛛手偶两个、腕铃每个家庭两对。
2. 推荐音乐：《小蜘蛛》。

活动过程

1. 教师出示蜘蛛手偶，一边说歌词，一边根据歌词内容用蜘蛛手偶进行表演，引起宝宝的兴趣。

   师："今天，我带来了一个新朋友，它叫小蜘蛛。宝宝来和小蜘蛛打招呼问好吧！"

2. 教师清唱歌曲，并使用蜘蛛手偶进行表演。家长引导宝宝观看教师表演，并尝试模仿教师的简单动作。

   师："一只小小蜘蛛慢慢爬上来（伸出双手，侧面相对，做五指捏的动作，跟随音乐节奏从下往上移动到头顶上方，模仿蜘蛛往上爬的动作），大雨落下，把它冲跑了（双手五指分开，从上往下轻摇下来），太阳出来，晒干网上雨（双手在头顶上方指尖相对，双臂做圆圆的太阳状），那只小小蜘蛛又慢慢爬上来（重复第一句的动作）。"

3. 教师播放音乐《小蜘蛛》，家长引导宝宝跟随音乐模仿教师的动作。
4. 教师出示腕铃，并分发给每个家庭两对。请家长将腕铃分别戴在宝宝的手腕上和自己的手腕上。教师播放音乐《小蜘蛛》，家长引导宝宝跟随音乐模仿教师的动作。
5. 家长手扶宝宝腋下并围成圆圈站好。教师播放音乐《小蜘蛛》，家长跟随音乐节奏和歌词内容将宝宝慢慢举高、摇晃放下、左右摇晃及再次举高，最后快速摇晃落到地面上。

   师："请家长带宝宝站立起来，手扶宝宝腋下准备好。现在我们跟随音乐让宝宝像小蜘蛛一样爬一爬！”

6. 活动自然结束，家长与宝宝稍作休息。

给家长的话

这首歌曲旋律欢快、歌词简单，非常适合宝宝。活动通过简单的手指游戏加深了宝宝对歌曲的印象。此外，活动中有大量的亲子互动环节。宝宝非常喜欢被举高然后从空中降落的环节，这个环节也有利于宝宝感受空间的变化。家长可以在家庭生活中经常跟宝宝玩这个游戏。

给教师的建议

这是一首深受家长和宝宝喜爱的歌曲。宝宝学会后，教师可以把歌唱的速度进行快慢变化，或者把歌曲进行音调高低的变化。这首歌曲也适合在之后的活动开始时进行多次复习，特别能调动气氛。

探索发现　乐器镲

活动目标

1. 能双手合作对拍，让镲发出声音。
2. 锻炼手眼协调能力和手部肌肉控制能力。

活动准备

实物：镲每个宝宝一套。

活动过程

1. 教师出示镲，并示范操作方法：双手各握一个镲，然后双手合作对拍，让镲发出声音。拍击三至四次，让宝宝看清楚。

   师：“今天，我带来了镲。它会发出好听的声音，宝宝来看一看、听一听。”

2. 教师向家长简单介绍本次探索活动的重点和目的，并分发给每个宝宝一套镲。

师："今天的探索活动主要是练习手握乐器进行双手对拍，初步学习镲的使用方法，促进宝宝手眼协调能力和手部肌肉控制能力的发展。在这里提醒家长，镲的边缘比较薄，家长要注意宝宝的安全，不要让宝宝拿着镲快速跑动。"

3. 宝宝进行探索和操作，家长引导宝宝，并适时进行互动。教师观察宝宝的探索情况及家长与宝宝的互动情况，适时给予指导。

4. 活动结束，家长引导宝宝将乐器送回教师指定的地方。

给家长的话

在探索过程中，家长可以用语言引导宝宝尝试改变动作和力度来演奏乐器。这样，宝宝会逐渐发现，两个镲之间的摩擦和敲击的力度不同，所发出的声音也会有所不同。开始时宝宝不知如何演奏，家长要示范给宝宝看。家长为宝宝演奏乐器能够引起宝宝对乐器和音乐更大的兴趣。在家时，家长也可以为宝宝准备一些适宜的小乐器，引导他们倾听不同的曲调，奏响不同的乐器。全家人一起和宝宝演奏交响乐更有意思。

给教师的建议

一定要跟家长强调，要密切注意在使用乐器时宝宝的安全。

休息时间：播放轻音乐

宝宝喝水、如厕，教师面向集体分享育儿方法

或与个别家长做沟通反馈。

第二部分

运动时光　好玩的大龙球2

活动目标

1. 刺激触觉的发展。
2. 愿意接受挑战。

活动准备

实物：大龙球每个宝宝一个、玩具娃娃一个。

活动过程

1. 热身活动“小飞机”。

   教师面对家长和宝宝站立，双手扶住玩具娃娃腋下，将玩具娃娃向上、向下、向左、向右摆动，并请家长双手扶住宝宝腋下，模仿教师的动作。重复几次后，请家长将宝宝放下，短暂休息。教师收起玩具娃娃。

   师：“小飞机飞起来喽！向上、向下、向左、向右……”

2. 教师发给每个宝宝一个大龙球，请家长带着宝宝在教室中玩推大龙球的游戏。也可以请宝宝推着球在教室中走一走，提高宝宝对球的熟悉度。
3. 教师双手扶住玩具娃娃腋下，将娃娃放到大龙球上，使娃娃呈坐的姿势。请家长模仿教师的动作，双手扶住宝宝腋下，让宝宝坐在大龙球上。然后，轻轻摆动宝宝的身体，让宝宝的身体带动大龙球缓慢转动。
4. 教师发出“向前、向后、向左、向右”的指令，引导家长双手扶住宝宝并根据教师的指令做动作。若宝宝情绪稳定，教师可以提示家长逐渐加大宝宝身体摆动的幅度，加深皮肤触觉的刺激。此游戏可反复进行。

5. 教师收回家长手中的大龙球，并请家长坐成一横排，双腿伸直，请宝宝坐在家长的腿上，背靠家长，面向教师。
6. 教师推一个大龙球，从横排的一侧出发，让大龙球依次挤压每个宝宝的腿部。

   师："当球到面前的时候，家长可以鼓励宝宝用手拍一拍球，消除内心的紧张感。"
7. 教师可以反复进行用大龙球挤压宝宝腿部的游戏，并在挤压的过程中变化推大龙球的速度，让宝宝体验不同的感受。
8. 游戏结束，教师收起大龙球，并请家长和宝宝坐在原地休息。

给家长的话

用大龙球挤压宝宝腿部的游戏是一个强度比较大的活动，很多宝宝对于这个游戏会有一定的恐惧感，但当适应之后就会非常喜欢这个游戏。这也是触觉刺激类游戏的特点——在刚开始接触时会因触觉刺激带来的疼痛而感到抵触，但是适应之后又会觉得很舒服，有一点儿像按摩带来的感觉。在家中，家长可以为宝宝准备小号的按摩球，不时用球为宝宝按摩，刺激宝宝触觉的发展。

给教师的建议

这次活动的重头戏就是大龙球挤压游戏。这个游戏非常考验教师的组织能力。首先，要用简洁有效的语言让家长坐成一横排；其次，让宝宝坐在家长的腿上准备接受挤压；最后，在挤压的过程中，教师一定要一边挤压，一边用语言鼓励宝宝和家长，减轻宝宝和家长的恐惧感。

舒缓放松　大钟摆

活动准备

实物：玩具娃娃一个。

活动过程

1. 教师站在家长和宝宝的对面。
2. 教师双手托住玩具娃娃腋下，请家长模仿教师的动作托起宝宝。
3. 教师一边说儿歌，一边向上、向下、向左、向右由慢及快摆动娃娃，并请家长模仿教师做同样的动作。

   师："大钟摆，摆一摆，一上一下转起来。"
4. 此游戏可反复进行。

5 第五周

第五周课程预览

课程结构	活动流程	活动名称	时　长
第一部分	趣味热身	动动小身体	5 分钟
	亲子游戏	两只小鸟	15 分钟
	探索发现	扭动的毛毛虫	5 分钟
	休　　息		10 分钟
第二部分	运动时光	爬行游戏 1	20 分钟
	舒缓放松	舒缓按摩	5 分钟

第一部分

趣味热身　动动小身体

活动准备

1. 实物：浴巾每个家庭一条、玩具娃娃一个。
2. 推荐音乐：《动动小身体》（奥尔夫音乐）。

活动过程

1. 教师与家长分别坐在浴巾上，围坐成一个圆圈。宝宝坐在家长身前或腿上。

   师："请家长每人取一条浴巾并坐在上面，让宝宝坐在您的身前或腿上，我们帮助宝宝活动活动身体吧！"

2. 播放音乐《动动小身体》，教师跟随音乐示范简单的动作。家长模仿教师的动作。

   示范动作如下：教师把玩具娃娃放躺在浴巾上，双手握着娃娃的双手。跟着音乐的节奏，摸摸娃娃的头，摸摸娃娃的肩膀，摸摸娃娃的膝盖，摸摸娃娃的脚，然后抱住娃娃。

给教师的建议

后期，教师可以跟着音乐编歌词，引导家长摸摸宝宝身体的其他部位。

亲子游戏　两只小鸟

活动目标

1. 初步感知音乐节拍，感受手指游戏的乐趣。
2. 喜欢参加亲子游戏。

活动准备

1. 实物：小鸟手偶两个、沙蛋每个宝宝两个。
2. 推荐音乐：《两只小鸟》（奥尔夫音乐）。

活动过程

1. 教师出示小鸟手偶，一边说歌词，一边用手偶进行表演，引起宝宝的兴趣。

   师："今天，我请来了我的两位好朋友——两只小鸟。它们一只叫叮叮，另一只叫咚咚。大家来跟我的两位好朋友打招呼问好吧！"

2. 教师清唱歌曲，再次使用手偶进行表演。家长引导宝宝观看教师表演，并尝试跟随歌曲节拍拍手。
3. 教师一边清唱歌曲，一边做手指游戏。家长引导和协助宝宝模仿教师做简单的动作。

   师："两只小鸟坐在大树上（双手藏在身后），一只叫叮叮（伸出一只手的食指代表叮叮），另一只叫咚咚（伸出另一只手的食指代表咚咚）。叮叮飞走了（一只手收回），咚咚飞走了（另一只手收回）；叮叮回来了（代表叮叮的食指伸出），咚咚回来了（代表咚咚的食指伸出）。"

4. 教师播放音乐《两只小鸟》，并跟随音乐做相应的手指动作。家长引导和协助宝宝模仿教师的动作。
5. 教师出示沙蛋，并分发给每个宝宝两个沙蛋。家长引导宝宝探索沙蛋，鼓励宝宝用自己的方式让沙蛋发出好听的声音。
6. 教师播放音乐《两只小鸟》。

   师："现在我们和沙蛋一起做游戏啦，请宝宝和我一起晃动沙蛋！"

家长引导宝宝跟随音乐节拍晃动沙蛋。当唱到“叮叮飞走了，咚咚飞走了”时，将两个沙蛋分别藏在背后。

7. 活动结束，家长引导宝宝将沙蛋送回教师指定的地方。

给家长的话

当宝宝对歌曲旋律和游戏玩法比较熟悉后，家长在家时可以利用这首曲子的曲调，采用替换歌词的方式让宝宝再次感受音乐。当宝宝听到自己的名字出现在歌曲中时，他们会非常兴奋。例如，两只小鸟坐在大树上，一只叫妈妈，另一只叫爸爸。妈妈飞走了（妈妈转过身背对着宝宝），爸爸飞走了（爸爸转过身背对着宝宝）；妈妈回来了（妈妈转回身来），爸爸回来了（爸爸转回身来）。

给教师的建议

这是一首深受家长和宝宝喜爱的经典歌曲。手指游戏的动作可以随着宝宝的年龄增长变换很多方式，逐渐增加难度。这类歌曲可以在之后活动的开始部分复习演唱。这样做既符合宝宝喜欢重复的年龄特点，又可以调动活动气氛。

探索发现　扭动的毛毛虫

活动目标

1. 能扭动毛毛虫的身体，让它发生变化。
2. 增强手腕力量，提高手的灵活性。

活动准备

实物：木制毛毛虫玩具每个宝宝一个。

活动过程

1. 教师出示木制毛毛虫玩具，然后一只手握住毛毛虫的头部，另一只手随意选取毛毛虫身体的某个位置握住，并扭动它的身体。教师多次扭动毛毛虫身体的不同位置，让宝宝观察毛毛虫的变化。

师：“我有一只毛毛虫。用手扭动它的身体，它就爬呀爬呀爬。宝宝也来试试吧！”

2. 教师向家长简单介绍本次探索活动的重点和目的，并邀请宝宝上前选取毛毛虫玩具。

师：“今天的探索活动主要是让宝宝练习扭动和转动的动作，增强宝宝小肌肉的力量，提高手部的灵活性。家长在引导宝宝探索的时候，鼓励宝宝自由地扭动毛毛虫身体的任意位置，不做过多的干扰。”

3. 宝宝进行探索和操作，家长引导宝宝，并适时进行互动。教师观察宝宝的探索情况及家长与宝宝的互动情况，适时给予指导。

4. 活动结束，家长引导宝宝将毛毛虫玩具送回教师指定的地方。

给家长的话

本次探索活动中，我们引导宝宝扭动毛毛虫，锻炼宝宝小肌肉的灵活性。宝宝对周围的新鲜事物有着极大的好奇心，他会用自己的方式去进行各种探索。家长要尊重宝宝的探索精神，在宝宝不伤害自己和他人的情况下，不去打扰宝宝。

给教师的建议

若没有木制毛毛虫玩具，可以用自制毛毛虫玩具代替。

休息时间：播放轻音乐

宝宝喝水、如厕，教师面向集体分享育儿方法

或与个别家长做沟通反馈。

第二部分

运动时光　爬行游戏1

活动目标

1. 锻炼爬行能力。
2. 体验简单的规则。

活动准备

实物：圆软垫12个、平衡步道3条、长方形软垫4块。

活动过程

1. 热身活动“乌龟爬”。

教师用手膝着地爬行的方式在教室中自由爬行，同时邀请家长和宝宝模仿教师的动作爬行。教师可通过观察宝宝爬行时的状态延长或缩短热身时间。

师：“大家快来和老师一起变成小乌龟，在教室里快乐地爬一爬吧！”

2. 家长和宝宝在教室的一侧休息。教师将12个圆软垫依次摆放开来，使其排成一列，圆软垫之间不留空隙，引导家长鼓励宝宝从起点爬到终点。
3. 教师将3条平衡步道首尾相连，使其排成一列，引导家长鼓励宝宝从起点爬到终点。
4. 教师将4块长方形软垫首尾相连，使其排成一排，引导家长鼓励宝宝从起点爬到终点。

5. 教师将所有的圆软垫、平衡步道、长方形软垫首尾相连，使其组成一条路，引导家长鼓励宝宝从起点爬到终点。路线可以是直线形的，也可以是之字形的。教师可根据宝宝的兴趣持续时间随机调整路线和活动时间。

6. 活动结束，教师收起玩教具，家长和宝宝坐在原地休息。

给家长的话

本次活动通过让宝宝在三种不同质地的材料上爬行，帮助宝宝体验不同的皮肤触觉感受；同时，通过让宝宝在不同形状的材料上爬行，提高宝宝的兴趣，延长宝宝的爬行时间，以达到锻炼爬行的效果。在家里，家长也可以设置由不同材料组成的路线，让宝宝练习爬行。

给教师的建议

本次活动的重点目标是锻炼宝宝的爬行能力，但是单一的练习会让宝宝感到枯燥，从而缩短练习的时间。加入不同形状的材料，可以提高宝宝的兴趣，从而减轻宝宝练习时的枯燥感，延长练习的时间。同时，每条路线的设置都给予了宝宝一个简单的规则，能够帮助宝宝达到体验简单规则的发展目标。

舒缓放松　舒缓按摩

活动准备

1. 实物：玩具娃娃一个。
2. 推荐音乐：《童年》（班得瑞音乐）。

活动过程

1. 播放音乐《童年》。
2. 家长围坐成半圆，宝宝平躺在家长的双腿上。
3. 教师手持玩具娃娃做示范，带领家长为宝宝按摩。

示范内容如下：双手轻捏玩具娃娃的双足和双腿，顺序为脚趾、脚心和脚背、小腿、大腿；双手轻捏玩具娃娃的双手和双臂，顺序为手指、手心和手背、小臂、大臂。动作可反复进行。

第六周

第六周课程预览

课程结构	活动流程	活动名称	时长
第一部分	趣味热身	动动小身体	5 分钟
	亲子游戏	吹泡泡	15 分钟
	探索发现	神秘盒	5 分钟
	休息		10 分钟
第二部分	运动时光	爬行游戏 2	20 分钟
	舒缓放松	舒缓按摩	5 分钟

第一部分

趣味热身　动动小身体

活动准备

1. 实物：浴巾每个家庭一条、玩具娃娃一个。
2. 推荐音乐：《动动小身体》（奥尔夫音乐）。

活动过程

1. 教师与家长分别坐在浴巾上，围坐成一个圆圈。宝宝坐在家长身前或腿上。

   师："请家长每人取一条浴巾并坐在上面，让宝宝坐在您的身前或腿上，我们帮助宝宝活动活动身体吧！"

2. 播放音乐《动动小身体》，教师跟随音乐示范简单的动作。家长模仿教师的动作。

   示范动作如下：教师把玩具娃娃放躺在浴巾上，双手握着娃娃的双手。跟着音乐的节奏，摸摸娃娃的头，摸摸娃娃的肩膀，摸摸娃娃的膝盖，摸摸娃娃的脚，然后抱住娃娃。

给教师的建议

后期，教师可以跟着音乐编歌词，引导家长摸摸宝宝身体的其他部位。

亲子游戏 吹泡泡

活动目标

1. 感知音乐节拍。
2. 体验吹泡泡的乐趣。

活动准备

1. 实物：泡泡机一个、小泡泡器每个家长一个。
2. 推荐音乐：《吹泡泡》。

活动过程

1. 教师带领宝宝做手指游戏“吹泡泡”。

   师：“今天，老师要带着宝宝一起吹泡泡哦！来，伸出双手，我们一起来吹泡泡吧。”

   教师双手并拢放在嘴巴前做吹泡泡的样子，然后一边吹气，一边在保持手指紧贴的前提下将双手逐渐分开，直到双臂打开，做被吹鼓了的大泡泡状。接着，伸出右手食指，做轻轻点泡泡状。双臂完全打开，“泡泡”破了，发出“嘣儿”的声音。家长引导和协助宝宝进行模仿。
2. 教师一边清唱歌曲，一边做吹泡泡的动作。当唱到“泡泡飞呀飞得高，飞到天空中，问声太阳好”时，先做大泡泡状，接着完全打开双臂，做泡泡破了状。家长引导宝宝模仿教师的动作。
3. 教师播放音乐《吹泡泡》，家长引导宝宝跟随音乐模仿教师的动作。
4. 教师出示泡泡机，并打出大量泡泡，邀请宝宝追逐泡泡。教师播放音乐《吹泡泡》，提醒宝宝注意控制追逐的速度，提示家长注意宝宝的安全。

   师：“哇，好多泡泡呀！宝宝可以追一追泡泡、抓一抓泡泡。家长在引导宝宝追逐泡泡时，也要注意宝宝的安全。”
5. 教师分发给每个家长一个小泡泡器，请家长使用小泡泡器吹泡泡。宝宝伴随着音乐《吹泡泡》追泡泡、抓泡泡。
6. 活动结束，家长引导宝宝将小泡泡器送回教师指定的地方。

给家长的话

这首歌曲不管旋律还是歌词都非常优美。在活动中，从手指游戏“吹泡泡”到真的泡泡出现，每个环节都吸引着宝宝的注意力。家长在家时可以给宝宝准备吹泡泡的玩具，等到去户外的时候，就可以一起玩吹泡泡的游戏了。宝宝会对神奇的泡泡表现出极大的兴趣。

给教师的建议

教师需注意，从手指游戏“吹泡泡”开始，就需要动作夸张、表情生动；在出示泡泡机的时候，教师要表现出神秘感；给每个家长发一个小泡泡器后，教师需要提醒家长在吹泡泡的时候注意宝宝的安全。

探索发现　神秘盒

活动目标

1. 能打开和关上抽纸盒。
2. 提高手指的灵活性。

活动准备

实物：抽纸盒每个宝宝一个，每个盒中放4种不同的玩具（最好有发声玩具）。

活动过程

1. 教师出示神秘盒，并示范操作方法。

   师：“我有一个神秘盒，我要打开盒子看一看里面有什么好玩的玩具。教师指着盒子说：“打开，打开，我要把这个盒子打开。”说完后，轻轻拨动盒子侧面的吸扣处，打开盒子，拿出一个玩具。然后关上盒子，简单玩一下拿出的玩具。然后，重复相同的操作，直至把4种玩具都拿出来。最后，将所有的玩具放回盒子里。

2. 教师向家长简单介绍本次探索活动的重点和目的，并邀请宝宝上前取神秘盒。

师："今天的探索活动主要是让宝宝练习打开和关上盒子，发展宝宝手指的灵活性和双手配合的能力。在探索的过程中，家长要把盒子交给宝宝，让他自己尝试打开；每拿出一个玩具后，要引导宝宝把盒盖盖上，即关上盒子。"

3. 宝宝进行探索和操作，家长引导宝宝，并适时进行互动。教师观察宝宝的探索情况及家长与宝宝的互动情况，适时给予指导。

4. 活动结束，家长引导宝宝将神秘盒送回教师指定的地方。

给家长的话

随着宝宝精细动作的发展，13—18个月的宝宝很喜欢也能翻倒盒子，并将里面的东西拿出来。但在拿取的过程中，动作的协调性有待进一步发展和提高。若刚开始宝宝不知如何打开盒子，家长可以通过示范让宝宝观察模仿。当您从盒子里拿出新奇的东西后，宝宝一定也想做同样的事情——从盒子里翻找东西。一旦宝宝开始自己探索与练习，这样的活动方式就会成为他们最喜欢的游戏方式之一。同时，这也是动作练习的好机会。

给教师的建议

宝宝打开盒子看到自己喜欢的物品后就会伸手去拿，这样可以很好地锻炼抓握能力，还能通过触摸不同种类的物品，尝试了解物品的特性。所以，教师在设计神秘盒时，盒子里面所放的物品要多种多样。比如，大的、小的，光滑的、粗糙的，软的、硬的，不能发出声音的、能发出声音的等。

休息时间：播放轻音乐

宝宝喝水、如厕，教师面向集体分享育儿方法

或与个别家长做沟通反馈。

第二部分

运动时光　爬行游戏2

活动目标

1. 巩固爬行能力。
2. 体验集体游戏的乐趣。

活动准备

实物：长方形软垫8块、步行运动组1组。

活动过程

1. 热身活动“乌龟爬”。

   教师用手膝着地爬行的方式在教室中自由爬行，同时邀请家长和宝宝模仿教师的动作爬行。教师可通过观察宝宝爬行时的状态延长或缩短热身时间。

   师：“大家快来和老师一起变成小乌龟，在教室里快乐地爬一爬吧！”

2. 家长和宝宝坐到教室的一侧休息。教师将8块长方形软垫首尾相连，使其排成一列，引导家长鼓励宝宝从起点爬到终点。
3. 教师将步行运动组排列成一条路，引导家长鼓励宝宝从起点爬到终点。

   师：“这条路比长方形软垫组成的路要高一些，请家长陪在宝宝的旁边，以免发生危险。”

4. 教师用所有的长方形软垫和步行运动组组成一条路，引导家长鼓励宝宝从起点爬到终点。路线可以是直线形的，也可以是之字形的。教师可根据宝宝的兴趣持续时间随机调整路线。此活动可反复进行，教师根据宝宝的体能情况适时结束活动。

师："这条路比较长，对于宝宝体能的挑战很大，家长一定要在旁边不停地用语言鼓励宝宝，使宝宝坚持完成练习。"

5. 活动结束，教师收起玩教具，家长和宝宝坐在原地休息。

给家长的话

本次活动中，宝宝爬的步行运动组要高于长方形软垫，因此，对于宝宝来说，这次活动的挑战要大于上次，同时，视觉感受也因高度的增加而更加强烈。在家庭中，家长也可以让宝宝在高度不同的地方练习爬行，这不仅可以培养宝宝勇于挑战的品质，而且能起到发展其前庭觉的作用。

给教师的建议

本次活动用到了步行运动组，目的是增加宝宝爬行的高度，提高活动的挑战性。但是，在活动中一定要不断地提醒家长保护好宝宝，避免发生危险。游戏中是否增加路线的长度主要取决于宝宝体能的强弱。如果观察到宝宝注意力不集中了，那么他很有可能是累了，此时就要及时停止，注意休息。

舒缓放松　舒缓按摩

活动准备

1. 实物：玩具娃娃一个。
2. 推荐音乐：《童年》（班得瑞音乐）。

活动过程

1. 播放音乐《童年》。
2. 家长围坐成半圆，宝宝平躺在家长的双腿上。

3. 教师手持玩具娃娃做示范，带领家长为宝宝按摩。

示范内容如下：双手轻捏玩具娃娃的双足和双腿，顺序为脚趾、脚心和脚背、小腿、大腿；双手轻捏玩具娃娃的双手和双臂，顺序为手指、手心和手背、小臂、大臂。动作可反复进行。

第七周

第七周课程预览

课程结构	活动流程	活动名称	时长
第一部分	趣味热身	动动小身体	5 分钟
	亲子游戏	小手爬呀爬	15 分钟
	探索发现	彩桩敲敲乐	5 分钟
	休息		10 分钟
第二部分	运动时光	彩虹接龙	20 分钟
	舒缓放松	舒缓按摩	5 分钟

第一部分

趣味热身　动动小身体

活动准备

1. 实物：浴巾每个家庭一条、玩具娃娃一个。
2. 推荐音乐：《动动小身体》（奥尔夫音乐）。

活动过程

1. 教师与家长分别坐在浴巾上，围坐成一个圆圈。宝宝坐在家长身前或腿上。

   师："请家长每人取一条浴巾并坐在上面，让宝宝坐在您的身前或腿上，我们帮助宝宝活动活动身体吧！"

2. 播放音乐《动动小身体》，教师跟随音乐示范简单的动作。家长模仿教师的动作。

   示范动作如下：教师把玩具娃娃放躺在浴巾上，双手握着娃娃的双手。跟着音乐的节奏，摸摸娃娃的头，摸摸娃娃的肩膀，摸摸娃娃的膝盖，摸摸娃娃的脚，然后抱住娃娃。

给教师的建议

后期，教师可以跟着音乐编歌词，引导家长摸摸宝宝身体的其他部位。

亲子游戏　小手爬呀爬

活动目标

1. 初步学念儿歌，学做简单的动作。
2. 感受音乐活动中亲子互动的乐趣。

活动准备

1. 实物：乌龟手偶一个、沙锤每人一对。
2. 推荐音乐：《小手爬呀爬》。

活动过程

1. 教师出示乌龟手偶，一边说《小手爬呀爬》的歌词，一边用手偶表演。当说到“蹦蹦蹦”“哦哦哦”“咚咚咚”“啵啵啵”“喔喔喔”时，手偶分别在地上跳三下；当说到“啦啦啦啦啦”时，手偶做跳舞状。家长引导宝宝安静地观看教师表演。

   师：“今天，我请来了一位好朋友，它的名字叫小乌龟。小乌龟走路的样子是慢慢地爬。”
2. 教师清唱歌曲，并使用乌龟手偶在身上表演乌龟爬。家长模仿教师用手在宝宝身上爬，让宝宝感受儿歌的趣味性。
3. 教师清唱歌曲，做手指游戏。双手分别做五指捏状，从自己的脚背开始往上爬。当唱到“蹦蹦蹦”“哦哦哦”“咚咚咚”“啵啵啵”“喔喔喔”时，小手分别在身上跳三下。家长引导宝宝模仿教师的动作。
4. 家长与宝宝面对面坐好。教师播放音乐《小手爬呀爬》，家长用手在宝宝的身上爬呀爬，宝宝尝试模仿教师的动作，在自己的身上爬呀爬。
5. 教师出示沙锤，并分发给每人一对沙锤。家长与宝宝保持面对面坐好，教师播放音乐《小手爬呀爬》，家长跟随音乐使用沙锤在宝宝的身上轻轻地从下往上敲，并引导宝宝也用沙锤在家长的身上敲。

   师：“现在，小沙锤要跟着音乐在宝宝的身上、家长的身上爬一爬啦！家长在音乐响起后跟随音乐有节奏地用沙锤在宝宝的身上从下往上轻轻敲击，宝宝也可以用你的小沙锤在爸爸妈妈的身上爬一爬、敲一敲。”

6. 活动结束，家长引导宝宝将沙锤送回教师指定的地方。

给家长的话

“小手爬呀爬”这个传统的亲子互动游戏对于13—18个月的宝宝而言非常适合。除了可以通过简单的歌词进行语言刺激外，家长也可以带着宝宝用小手在他们的身体各处爬一爬，如爬到肩膀上、耳朵上、头顶上，甚至爬到腋下。家长与宝宝互动时，一定要注意手指爬动时按压宝宝身体的力度，关注宝宝的感受。这样，宝宝也能在游戏中获得更多真切的触觉体验。

给教师的建议

音乐是宝宝感知世界的重要艺术形式。很多宝宝还不太会说话，但能模仿着将歌词唱出来。宝宝正处在学习说话的关键期，教师要多选择一些歌词简单又带有重复性的歌曲欣赏活动。

探索发现　彩桩敲敲乐

活动目标

1. 能用小锤将凸出的彩桩敲下去。
2. 增强手腕力量，提高手眼协调能力。

活动准备

实物：彩桩敲敲乐每个宝宝一套。

活动过程

1. 教师出示彩桩敲敲乐，一只手扶好彩桩平台，另一只手拿起小锤，对准一根彩桩敲击，将彩桩敲下平台。直至将所有的彩桩都敲下平台后，将彩桩平台翻转过来，放下小锤。

师："我有一把小锤子，梆梆梆，梆梆梆，彩色小桩都下去。"

2. 教师向家长简单介绍本次探索活动的重点和目的，并邀请宝宝上前取彩桩敲敲乐。

师："今天的探索活动主要是让宝宝练习敲击，通过练习，使宝宝逐渐进行相对精准的敲击，增强宝宝的手腕力量，促进手眼协调能力的发展。每一根彩桩很难一次就敲下去。家长把小锤给宝宝，让宝宝自由练习。当宝宝敲不到目标时，家长不要太着急，给宝宝时间，多练习就好。"

3. 宝宝进行探索和操作，家长引导宝宝，并适时进行互动。教师观察宝宝的探索情况及家长与宝宝的互动情况，适时给予指导。

4. 活动结束，家长引导宝宝将玩具送回教师指定的地方。

给家长的话

宝宝刚开始敲击彩桩时会因为手眼不够协调出现敲偏的现象，此时，家长无须马上干预。在反复练习中，宝宝的手眼动作会逐渐变得协调。在这个过程中，他们还能感知到动作力度和声音之间的联系。这个玩具特别受宝宝喜爱，建议家长可以在家中准备一个。通过不断的重复练习，宝宝的准确性会越来越高，同时，宝宝也拥有了体验成功感的机会。

给教师的建议

教师应基于细致的观察对家长与宝宝的互动进行适宜的指导。

休息时间：播放轻音乐

宝宝喝水、如厕，教师面向集体分享育儿方法

或与个别家长做沟通反馈。

第二部分

运动时光　彩虹接龙

活动目标

1. 锻炼爬行能力。
2. 发展身体协调性。

活动准备

实物：长方形软垫4块、平衡步道3条、彩虹接龙1组、拱形门4个。

活动过程

1. 热身活动“乌龟爬”。

   教师用手膝着地爬行的方式在教室中自由爬行，同时邀请家长和宝宝模仿教师的动作爬行。教师可通过观察宝宝爬行时的状态延长或缩短热身时间。

   师：“大家快来和老师一起变成小乌龟，在教室里快乐地爬一爬吧！”
2. 家长和宝宝坐到教室的一侧休息。教师将4块长方形软垫首尾相连，使其排成一列，并将彩虹接龙里的半圆形组块弧度向上放在长方形软垫上，每两个半圆形组块之间留有空隙，引导家长鼓励宝宝从起点爬到终点。
3. 教师将3条平衡步道首尾相连，使其排成一列，并将4个拱形门放在平衡步道上，每两个拱形门之间留有空隙，引导家长鼓励宝宝从拱形门中钻过。
4. 待宝宝在长方形软垫和平衡步道上充分练习后，教师将平衡步道上的拱形门撤掉，引导家长鼓励宝宝从起点走到终点。

5. 教师将彩虹接龙里每两个组块之间的空隙调大，引导家长鼓励宝宝从起点走到终点。

师："无论宝宝在走还是在爬，家长一定要在宝宝的侧前方用目光和语言鼓励宝宝前进。"

给家长的话

本次活动通过设置不同形式的道路，锻炼宝宝爬行与走的能力，以及两种前进方式交替进行时的身体协调性。而不同材质的道路还可以让宝宝体验不同的触觉感受，提高触觉感知力。在家里做游戏的时候，家长也可以给宝宝提供不同的活动材料。

给教师的建议

钻爬是这个年龄段的宝宝重要的训练内容，教师要善于利用不同材质的教具，带领宝宝开展锻炼钻与爬能力的游戏活动。材料越多、越丰富，宝宝的兴趣点就越多，这有助于延长练习的时间，从而提升宝宝的运动能力。

舒缓放松　舒缓按摩

活动准备

1. 实物：玩具娃娃一个。
2. 推荐音乐：《童年》(班得瑞音乐)。

活动过程

1. 播放音乐《童年》。
2. 家长围坐成半圆，宝宝平躺在家长的双腿上。
3. 教师手持玩具娃娃做示范，带领家长为宝宝按摩。

示范内容如下：双手轻捏玩具娃娃的双足和双腿，顺序为脚趾、脚心和脚背、小腿、大腿；双手轻捏玩具娃娃的双手和双臂，顺序为手指、手心和手背、小臂、大臂。动作可反复进行。

8

第八周

第八周课程预览

课程结构	活动流程	活动名称	时长
第一部分	趣味热身	好玩的扭扭圈	5 分钟
	亲子游戏	“Bingo”	15 分钟
	探索发现	我给动物喂食	5 分钟
休息			10 分钟
第二部分	运动时光	火车开动	20 分钟
	舒缓放松	舒缓按摩	5 分钟

第一部分

趣味热身　好玩的扭扭圈

活动准备

1. 实物：扭扭圈每人一对、浴巾每个家庭一条、玩具娃娃一个。
2. 推荐音乐：《间奏曲》。

活动过程

1. 教师发放给每人一对扭扭圈。家长坐在浴巾上，围坐成一个圆圈。宝宝坐在家长的身前或腿上，两只手分别握住扭扭圈。

   师：“请家长每人取一条浴巾并坐在上面，让宝宝坐在您的身前或腿上，我们帮助宝宝活动活动身体吧！”

2. 播放音乐《间奏曲》，教师跟随音乐节奏与儿歌示范简单的动作。家长模仿教师的动作，并帮助宝宝完成示范动作。

   师：“小朋友爱游戏（家长和宝宝一起双手上举，有节奏地摇摆扭扭圈），扭扭圈握手里（家长和宝宝双手放在肩两侧，同时模仿教师左右摆头）。动一动，比一比（起身，双手放于胸前，做扩胸动作），手握圈圈碰碰地（下蹲，用扭扭圈碰地一下，起立）。左扭扭，右扭扭（向左、右转动，同时分别用力抓握扭扭圈一下），转个圆圈来游戏（原地转一圈，转圈的同时双手于体侧随意晃动扭扭圈）。跳一跳，真有趣（宝宝将双手放于胸前，家长双手放在宝宝腋下，协助宝宝用力向上跳），我们一起练身体（家长扶住宝宝腋下，原地转一个圈后坐下来）。”

亲子游戏 “Bingo”

活动目标

1. 在互动与模仿中初步感知音乐的节拍。
2. 喜欢参与音乐游戏。

活动准备

1. 实物：彩色纱巾每个宝宝一条、丝带棒每个宝宝一根。
2. 推荐音乐：*Bingo*（奥尔夫音乐）。

活动过程

1. 教师播放音乐*Bingo*。

   师：“今天，我带来了一首非常好听的音乐。请家长将宝宝抱到自己的腿上，跟随音乐颤动双腿，让宝宝倾听音乐、感受音乐。”

   教师双手放在眼前挡住脸，做藏猫猫状。第四小节的第二拍时，将双手打开。两次之后，双臂举高，左右摇摆。后面乐段重复以上动作。家长将宝宝抱到自己的腿上，跟随音乐颤动双腿。

2. 教师出示纱巾，与宝宝互动。教师从身后拿出一条纱巾，放在面前，将自己藏在纱巾后，做藏猫猫状；数“一、二、三”后，放下纱巾，露出笑脸。重复两至三次。

3. 教师分发给每个宝宝一条纱巾，家长引导宝宝自由探索用纱巾玩藏猫猫的游戏。

   师：“宝宝和家长一起用纱巾玩藏猫猫的游戏吧！藏起来，藏起来！一、二、三，出现啦！”

4. 教师将全部纱巾收到掌心中，将纱巾藏在身后，数“一、二、三”后，用力把纱巾抛向空中。家长引导宝宝抬头观察纱巾从空中飘落的样子。家长和宝宝用相同的玩法进行探索。

   师：“现在，我的纱巾被藏起来了。我数‘一、二、三’，它就会出现。一、二、三！哇，纱巾飞到空中了！宝宝和家长也来试一试吧！”

5. 教师播放音乐*Bingo*，家长和宝宝跟随音乐，使用纱巾模仿教师跳舞。音乐开始后，将纱巾打开挡在面前，做藏猫猫的游戏；在第四小节第二拍将纱巾放下，然后举起纱巾摇摆。
6. 教师展示丝带棒，并分发给每个宝宝一根。教师播放音乐*Bingo*，家长引导宝宝跟随音乐模仿教师跳舞，方法同上。
7. 活动结束，家长引导宝宝将纱巾和丝带棒送回教师指定的地方。

给家长的话

音乐能通过它独一无二的方式触动我们。通过欣赏歌曲，宝宝可以从中获得丰富多彩的音乐体验。帮助他们打开音乐之门是我们能够给予宝宝的特别礼物。在倾听音乐时，家长的示范特别重要。当听到旋律优美的音乐时，家长可以即兴自由地舞蹈。即使从未学过舞蹈，只要我们先陶醉其中，宝宝就会受到感染，不由自主地和我们一起用自己的方式表达对音乐的喜爱。比如，听到音乐开心地拍拍手、扭扭屁股、转个圈等。

给教师的建议

*Bingo*这首曲子，曲调悠扬、节奏欢快，特别适合为一岁多的宝宝进行音乐启蒙。加入纱巾和丝带棒可以更好地吸引宝宝的兴趣，让刚刚对自己的肢体动作有些控制能力的宝宝随音乐舞动，更容易激发宝宝对音乐的情感共鸣。教师可以根据曲子的特点进行创造性的活动设计。

探索发现　我给动物喂食

活动目标

1. 能用拇指和食指捏住圆片并投入储蓄罐中。
2. 锻炼手眼协调能力。

活动准备

实物：小动物储蓄罐每个宝宝一个、硬币大小的塑料圆片每个宝宝15—20个（注意不让宝宝放进嘴里）。

活动过程

1. 教师出示小动物储蓄罐。

   师："今天，我们来投圆片。我有一个储蓄罐，还有好多圆片，我要把圆片投入储蓄罐中。宝宝来看我是怎么做的。"

   教师向宝宝夸张地展示几次用拇指和食指捏住圆片的动作。接着，一只手扶好小动物储蓄罐，另一只手捏住一个圆片对准储蓄罐的洞口投进去，直至将所有的圆片投完。最后，打开储蓄罐，将里面的圆片取出并收整好。

2. 教师向家长简单介绍本次探索活动的重点和目的，并分发给每个宝宝一个小动物储蓄罐和15—20个圆片。

   师："今天的探索活动主要是让宝宝练习两指捏，促进宝宝精细动作和手眼协调能力的发展。因为宝宝的小肌肉还没有发育完善，他们还不能很自如地控制自己的小手，所以宝宝在操作时，往往并非一次就能成功。家长不要着急，给宝宝多试几次的机会。如果宝宝没有寻求帮助，那么家长不要干扰宝宝的活动。"

3. 宝宝进行探索和操作，家长引导宝宝，并适时进行互动。教师观察宝宝的探索情况及家长与宝宝的互动情况，适时给予指导。

4. 活动结束，家长引导宝宝将小动物储蓄罐和圆片送回教师指定的地方。

给家长的话

这是一套让宝宝乐此不疲、反复操作的玩具。随着宝宝精细动作的发展和手眼协调能力的提升，家长为宝宝选取的玩具需要少而精。其中，"精"就是指玩具要满足宝宝当下的发展需要，提供难度适宜的练习机会。一定要避免跟风购买过多的电子玩具。

给教师的建议

宝宝的学习主要以重复为特点，只有多次重复，宝宝才会熟练掌握学习内容。探索活动可以重复之前的内容，但要在之前的基础上根据宝宝的发展水平增加难度、循序渐进。

休息时间：播放轻音乐

宝宝喝水、如厕，教师面向集体分享育儿方法

或与个别家长做沟通反馈。

第二部分

运动时光　火车开动

活动目标

1. 锻炼钻爬的能力。
2. 体验亲子游戏的乐趣。

活动准备

实物：长方形软垫6块、圆墩6个。

活动过程

1. 热身活动“乌龟爬”。

教师用手膝着地爬行的方式在教室中自由爬行，同时邀请家长和宝宝

模仿教师的动作爬行。教师可通过观察宝宝爬行时的状态延长或缩短热身时间。

师："大家快来和老师一起变成小乌龟，在教室里快乐地爬一爬吧！"

2. 家长和宝宝坐在教室的一侧休息。教师将6块长方形软垫的窄边与窄边连在一起，使其组成一条道路。
3. 教师引导宝宝在长方形软垫上快走或小跑，并指导家长用语言和动作鼓励参加活动的宝宝。

师："请宝宝快快跟随老师在垫子上走一走，一个跟着一个。"

师："家长要在宝宝的旁边不断用语言鼓励他，激励宝宝持续地往前走。"

4. 游戏"火车开动"。

教师请宝宝手膝着地趴在长方形软垫上，排成一队充当火车。教师在队伍的最前方充当火车头，并指导家长在宝宝的旁边协助并鼓励宝宝。待队伍排好后，教师开始往前爬。所有的宝宝跟随教师一起往前爬，"火车"开动。待宝宝与家长完全适应游戏的玩法后，教师可择机退出，改换家长充当火车头。

5. 教师在长方形软垫上放置圆墩，每个圆墩之间的距离可以不同，有远有近。宝宝与家长组成的"火车"遇到圆墩时要翻过或绕过。
6. 教师撤掉圆墩，请家长手膝着地趴在长方形软垫上，家长身体下方形成一个可以让宝宝钻过去的"洞"，宝宝要从"洞"中爬过。教师可根据宝宝对游戏的适应程度与体能状况灵活指导，确定是让宝宝爬过由一个家长形成的单独的"洞"，还是由多个家长组成的连续的"洞"，并根据观察和判断，适时结束游戏。
7. 游戏结束，家长与宝宝坐在原地休息。

给家长的话

本次活动通过亲子游戏的形式让宝宝体验了爬行和钻爬的不同，既锻炼了宝宝的钻爬能力，又让他感受到了与家长一起游戏的快乐。在家庭中，家长也可以进行类似的游戏，用亲子共同参与的形式锻炼宝宝的动作技能。

给教师的建议

家长的参与非常重要。在组织活动时，对家长的指导要准确、到位，语言不能过于啰唆。宝宝在家长身下钻爬时有时会有情绪波动。教师要密切观察所有宝宝的情绪变化，若有波动，及时安抚，必要时可让家长将宝宝抱离现场，以缓解宝宝的焦虑情绪。

舒缓放松　舒缓按摩

活动准备

1. 实物：玩具娃娃一个。
2. 推荐音乐：《童年》(班得瑞音乐)。

活动过程

1. 播放音乐《童年》。
2. 家长围坐成半圆，宝宝平躺在家长的双腿上。
3. 教师手持玩具娃娃做示范，带领家长为宝宝按摩。

示范内容如下：双手轻捏玩具娃娃的双足和双腿，顺序为脚趾、脚心和脚背、小腿、大腿；双手轻捏玩具娃娃的双手和双臂，顺序为手指、手心和手背、小臂、大臂。动作可反复进行。

9 第九周

第九周课程预览

课程结构	活动流程	活动名称	时长
第一部分	趣味热身	好玩的扭扭圈	5 分钟
	亲子游戏	手掌印画	15 分钟
	探索发现	形状盒子	5 分钟
	休息		10 分钟
第二部分	运动时光	触觉垫	20 分钟
	舒缓放松	儿歌按摩	5 分钟

第一部分

趣味热身　好玩的扭扭圈

活动准备

1. 实物：扭扭圈每人一对、浴巾每个家庭一条、玩具娃娃一个。
2. 推荐音乐：《间奏曲》。

活动过程

1. 教师发放给每人一对扭扭圈。家长坐在浴巾上，围坐成一个圆圈。宝宝坐在家长的身前或腿上，两只手分别握住扭扭圈。

   师："请家长每人取一条浴巾并坐在上面，让宝宝坐在您的身前或腿上，我们帮助宝宝活动活动身体吧！"

2. 播放音乐《间奏曲》，教师跟随音乐节奏与儿歌示范简单的动作。家长模仿教师的动作，并帮助宝宝完成示范动作。

   师："小朋友爱游戏（家长和宝宝一起双手上举，有节奏地摇摆扭扭圈），扭扭圈握手里（家长和宝宝双手放在肩两侧，同时模仿教师左右摆头）。动一动，比一比（起身，双手放于胸前，做扩胸动作），手握圈圈碰碰地（下蹲，用扭扭圈碰地一下，起立）。左扭扭，右扭扭（向左、右转动，同时分别用力抓握扭扭圈一下），转个圆圈来游戏（原地转一圈，转圈的同时双手于体侧随意晃动扭扭圈）。跳一跳，真有趣（宝宝将双手放于胸前，家长双手放在宝宝腋下，协助宝宝用力向上跳），我们一起练身体（家长扶住宝宝腋下，原地转一个圈后坐下来）。"

亲子游戏　手掌印画

活动目标

1. 学习用手掌拓印。
2. 感受不同的色彩，体验亲子作画的乐趣。

活动准备

实物：图画书《画了一匹蓝马的画家》一本，装有红色、黄色、蓝色颜料的颜料盘每个宝宝一个，大块水晶垫板一块（有一定厚度的硬质塑料桌布亦可），大毛球每个宝宝三个，卷轴纸每个宝宝一米，抹布每个宝宝一块，罩衣每个宝宝一件。

活动过程

1. 教师出示图画书《画了一匹蓝马的画家》，邀请家长抱着宝宝，调整位置并围圈坐好，保证宝宝都能看到图画书。教师有感情地讲读图画书，家长引导宝宝安静地阅读和倾听。

   师："今天，我带来了一本好看的图画书。请家长抱起宝宝向我靠拢一些，保证宝宝都能看到图画书。"

2. 教师出示颜料及卷轴纸等，示范作画方法。一只手五指张开，用手掌在颜料盘中蘸取某个颜色的颜料，然后在卷轴纸上轻按，抬起手并继续在卷轴纸的空白处轻按，直到印不出手掌印；再蘸取其他颜色的颜料进行拓印，结束后使用抹布擦手；捏起一个大毛球，蘸取颜料，在卷轴纸的空白处轻按。

   师："我的小手很能干，我可以拍一拍、敲一敲、点一点、按一按。我的小手很能干，我会用它来画画，蘸取颜料，按在纸上。哇，我的小手真好看！"

3. 教师分发给每个宝宝一件罩衣，请家长帮助宝宝穿好罩衣，然后移至放有材料的位置处开始作画。

   师："宝宝的小手也很能干，我们都是小画家！宝宝穿上小罩衣，开始画画了！"

4. 宝宝开始拓印作画，家长引导宝宝，并适时进行互动。教师观察宝宝的探索情况及家长与宝宝的互动情况，适时给予指导。
5. 活动结束，家长带宝宝到洗手池洗手，并引导宝宝将罩衣送回教师指定的地方。

给家长的话

一岁多的宝宝已经开始对颜色感兴趣了。随意涂鸦、感知色彩等是宝宝熟悉艺术表现形式和积累艺术表现经验的机会。在玩颜料的过程中，不必要求宝宝一定要拓印出具体的形象，而是让宝宝随意去拓印、涂抹，感受涂鸦的乐趣。家长可能会担心宝宝在玩颜料时把自己的身上或屋子弄脏。其实，家长可以用各种方法尽量保持干净、整洁。比如，给宝宝穿上大人的旧衣服，让他在洗手间的白色瓷砖墙上涂鸦，或准备废旧的大塑料布，专门供宝宝玩颜料等。家长不能因为觉得收拾整理麻烦，就剥夺宝宝在艺术方面探索、学习、发展的机会。

给教师的建议

从现在开始，教师就可以经常安排玩颜色的活动了。要注意培养宝宝良好的美术用品收放意识，教给宝宝正确的穿罩衣、取放画笔、使用颜料的方法等。

探索发现　形状盒子

活动目标

1. 能找到几何立体块对应的形状洞口，并将几何立体块投进盒子中。
2. 发展手眼协调能力。

活动准备

实物：形状盒子每个宝宝一套。

活动过程

1. 教师出示形状盒子。

师："今天，我带来了形状盒子，里面有很多立体块。现在，我要把它们拿出来。让我们一起为这些立体块找到各自的洞口，把它们送回家吧！"

教师打开盒子，取出盒中的几何立体块散放在盒子旁边，合上盒盖；然后，拿起一个几何立体块，找到相对应的形状洞口，说出形状名称并投进去。采用相同的方法，逐一将所有的几何立体块投进盒子中。

2. 教师向家长简单介绍本次探索活动的重点和目的，并邀请宝宝上前取形状盒子。

师："今天的探索活动主要是让宝宝练习形状对应，找到与几何立体块相对应的形状洞口，并将几何立体块投进盒子中。这同时也是一个锻炼手眼协调能力的活动。在宝宝操作时，您可以把形状的名称说给宝宝听，但我们不勉强宝宝必须记住。家长在前期进行引导时，可以观察宝宝的操作程度。如果宝宝尝试多次后无法完成，那么您可以只给宝宝几个立体块，洞口留出两个让宝宝选择，降低难度。等宝宝熟练后，再鼓励宝宝独立尝试。"

3. 宝宝进行探索和操作，家长引导宝宝，并适时进行互动。教师观察宝宝的探索情况及家长与宝宝的互动情况，适时给予指导。

4. 活动结束，家长引导宝宝将形状盒子送回教师指定的地方。

给家长的话

在本次探索活动中，我们让宝宝练习形状对应，这是一一对应的练习，也能促进宝宝手眼协调能力的发展。由于宝宝年龄小，因此，语言发展的关键在于家长平时多和宝宝沟通，多带宝宝出去看看外面的世界，并及时告诉他看到的是什么，让宝宝在潜移默化中积累词语，了解更多的新鲜事物。

给教师的建议

可以多给家长推荐这类引导宝宝动手动脑的玩具，并教会家长如何给宝宝选择适宜的玩具。比如，家长应选择半成品、木制品玩具，或带有能动手操作、探索时间长等特点的玩具，而不应花很多钱购买那些不需要手脑参与的电动玩具。

休息时间：播放轻音乐

宝宝喝水、如厕，教师面向集体分享育儿方法

或与个别家长做沟通反馈。

第二部分

运动时光　触觉垫

活动目标

1. 愿意感受触觉垫。
2. 锻炼走的能力。

活动准备

1. 实物：触觉垫每个宝宝一个。
2. 推荐音乐：《摆一摆》。

活动过程

1. 热身活动“摆一摆”。

教师召集家长与宝宝围站成一个圆圈，播放歌曲《摆一摆》。教师随音乐节奏及歌词内容活动身体的各个部位，并请家长与宝宝模仿教师的动作，一起做热身运动。

师："来来来，朋友们（双臂向前伸直，双手张开，做邀请动作），举起小手摆一摆（双臂不动，双手左右摇摆）；向前摆，向后摆，转一个圆圈跟我来（向前、向后挥臂摆手，并原地转一个圈）。来来来，朋友们（双臂向前伸直，双手张开），用你们的身体摆一摆（双手叉腰，扭一扭腰）；向左摆，向右摆，转一个圆圈跟我来（向左、向右晃动上半身，并原地转一个圈）。"

2. 热身结束，教师发给每个宝宝一个触觉垫。
3. 教师指导家长将触觉垫放在教室中的任意地方，引导宝宝将鞋脱到一旁，踩到触觉垫上感受一下，也可以和其他小朋友交换着踩一踩。
4. 教师引导家长鼓励宝宝反复走过触觉垫，家长也可以脱鞋与宝宝一起体验。
5. 教师引导家长将散放的触觉垫排成一列，鼓励宝宝按顺序走过由触觉垫排成的道路。

   师："宝宝一个跟着一个走。如果前面的宝宝停了下来，那么后面的宝宝要等一下。"
6. 游戏结束，教师收起触觉垫，家长和宝宝坐在原地休息。

给家长的话

每个宝宝的触觉感受是不同的。在宝宝练习的过程当中，家长要多观察。有些宝宝不敢走，家长可以亲自示范，帮助宝宝减少焦虑的情绪。对于触觉敏感的宝宝，家长在家时要多给宝宝做身体抚触，让宝宝逐渐适应。

给教师的建议

本次活动看似简单，但是对于有触觉障碍的宝宝而言并不轻松。因此，在活动中，教师要密切注意表现出抗拒的宝宝，反复观察其是否在触觉功能上存在障碍。若抗拒情况严重，可适当与家长沟通，对其进行更深层次的感统筛查。

舒缓放松　儿歌按摩

活动准备

1. 实物：浴巾每个家庭一条、玩具娃娃一个。
2. 推荐音乐：《雪的梦幻》（班得瑞音乐）。

活动过程

1. 播放音乐《雪的梦幻》。
2. 家长将宝宝放在身前的浴巾上，围坐成半圆。
3. 教师手持玩具娃娃做示范，带领家长为宝宝按摩。

   示范内容如下：双手轻捏玩具娃娃的双手和双臂，顺序为手指、手心和手背、小臂、大臂；双手轻捏玩具娃娃的双足和双腿，顺序为脚趾、脚心和脚背、小腿、大腿。动作可反复进行。
4. 教师一边示范按摩，一边说出儿歌。

   师："秋风吹，树枝摇，小宝宝，要睡觉。吹到宝宝的×××（如小手指、小手心）。"

   教师可根据按摩的部位调整儿歌的内容。

10

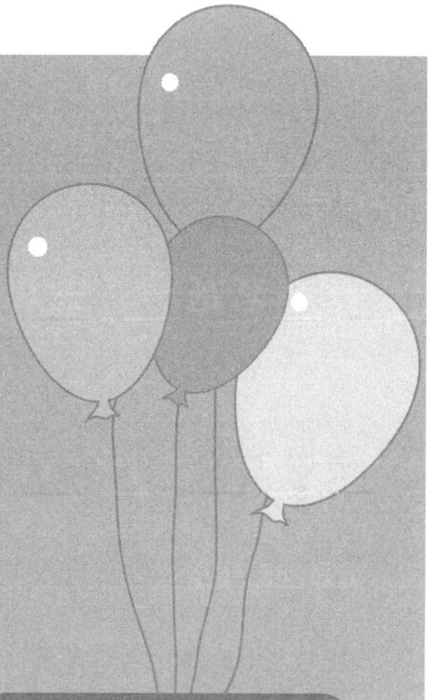

第 十 周

第十周课程预览

课程结构	活动流程	活动名称	时 长
第一部分	趣味热身	好玩的扭扭圈	5 分钟
	亲子游戏	我爱我的小动物	15 分钟
	探索发现	蔬菜卡片	5 分钟
	休　　息		10 分钟
第二部分	运动时光	小动物找食物	20 分钟
	舒缓放松	儿歌按摩	5 分钟

第一部分

趣味热身　好玩的扭扭圈

活动准备

1. 实物：扭扭圈每人一对、浴巾每个家庭一条、玩具娃娃一个。
2. 推荐音乐：《间奏曲》。

活动过程

1. 教师发放给每人一对扭扭圈。家长坐在浴巾上，围坐成一个圆圈。宝宝坐在家长的身前或腿上，两只手分别握住扭扭圈。

   师："请家长每人取一条浴巾并坐在上面，让宝宝坐在您的身前或腿上，我们帮助宝宝活动活动身体吧！"

2. 播放音乐《间奏曲》，教师跟随音乐节奏与儿歌示范简单的动作。家长模仿教师的动作，并帮助宝宝完成示范动作。

   师："小朋友爱游戏（家长和宝宝一起双手上举，有节奏地摇摆扭扭圈），扭扭圈握手里（家长和宝宝双手放在肩两侧，同时模仿教师左右摆头）。动一动，比一比（起身，双手放于胸前，做扩胸动作），手握圈圈碰碰地（下蹲，用扭扭圈碰地一下，起立）。左扭扭，右扭扭（向左、右转动，同时分别用力抓握扭扭圈一下），转个圆圈来游戏（原地转一圈，转圈的同时双手于体侧随意晃动扭扭圈）。跳一跳，真有趣（宝宝将双手放于胸前，家长双手放在宝宝腋下，协助宝宝用力向上跳），我们一起练身体（家长扶住宝宝腋下，原地转一个圈后坐下来）。"

亲子游戏　我爱我的小动物

活动目标

1. 认识歌曲中的小动物，尝试模仿它们的叫声。
2. 喜欢小动物，喜欢音乐游戏。

活动准备

1. 实物：手偶（小羊、小猫、小鸡、小鸭各一个），神秘袋一个。
2. 推荐音乐：《我爱我的小动物》。

活动过程

1. 教师出示小羊手偶，并说："这是小羊。小羊怎样叫？小羊咩咩咩。"用相同的方法介绍小猫手偶、小鸡手偶、小鸭手偶。家长引导宝宝与手偶打招呼，说"你好"。
2. 教师播放音乐《我爱我的小动物》，并跟随音乐使用手偶进行简单的表演互动。家长引导宝宝观看教师表演，并跟随音乐拍手。
3. 教师播放音乐《我爱我的小动物》，并引导宝宝和家长跟随音乐模仿小羊、小猫、小鸡和小鸭的样子。
4. 教师将手偶放到神秘袋中，与宝宝和家长进行互动游戏。教师依次邀请宝宝和家长从神秘袋中拿出一个手偶，并问大家："我是小羊。小羊怎样叫？"其他家长和宝宝一起回答："咩咩咩，咩咩咩。"
5. 活动自然结束。

给家长的话

小动物对宝宝来说是非常有吸引力的，宝宝尤其喜欢模仿它们的叫声。我们用神秘袋的形式，让每个宝宝从神秘袋里拿出手偶，能够提高宝宝对活动的兴趣。在此基础上，我们又设计了一问一答的互动环节。虽然宝宝可能还不太会说，但这种方式可以让宝宝感受亲子之间、同伴之间互动的乐趣。平常在家里，家长也可以用动物毛绒玩具等和宝宝进行类似的互动游戏。

给教师的建议

如何将经典的歌曲设计成出彩的活动？教师在设计课程时一定要思考，如何利用生动有趣的亲子游戏，让宝宝通过观察学习或对比学习的方式感受到课程带给他们的新刺激，快速地理解相关内容，并将其与对应的事物联系起来，从而激发出更浓厚的兴趣，在游戏中获得愉悦感和满足感。

探索发现　蔬菜卡片

活动目标

1. 初步认识几种常见的蔬菜，并能从两种蔬菜中找出指定的一种。
2. 喜欢蔬菜，体验亲子互动的乐趣。

活动准备

实物：蔬菜卡片每个宝宝4张（画有胡萝卜、西红柿、黄瓜、土豆的卡片各一张），配套的蔬菜模型每个宝宝1套，探索箱每个宝宝1个（可用大小合适的小筐代替）。

活动过程

1. 教师出示蔬菜卡片。

   师："今天，我们来一起认识蔬菜！我们先来看看都有哪些蔬菜。"

   教师一一说出蔬菜的名称，然后取出相对应的蔬菜模型放在卡片的下方，边放边说出蔬菜的名称。展示完后，再将蔬菜卡片和蔬菜模型逐一放回探索箱中。

2. 教师向家长简单介绍本次探索活动的重点和目的，并邀请宝宝上前取探索箱。

   师："今天的探索活动主要是让宝宝初步认识几种常见的蔬菜。家长在引导宝宝探索时，除了把蔬菜的名称告诉宝宝外，还可以加入一些对蔬菜简单的介绍，如它的颜色、大致的形状等，给宝宝一些语言刺激。等宝宝相对了解后，您可以和宝宝玩找蔬菜的游戏，拿出两种蔬菜，让宝宝从中找出您指定的蔬菜。家长要激发宝宝的兴趣，观察宝宝是否找对了。如果不对，那么可提示宝宝，并鼓励宝宝再去找一找。”

3. 宝宝进行探索和操作，家长引导宝宝，并适时进行互动。教师观察宝宝的探索情况及家长与宝宝的互动情况，适时给予指导。
4. 活动结束，家长引导宝宝将探索箱送回教师指定的地方。

给家长的话

在本次探索活动中，我们通过找蔬菜的小游戏，让宝宝初步认识几种常见的蔬菜，体验亲子互动的乐趣。在日常生活中，家长可有意识地让宝宝观察蔬菜，多用语言描述蔬菜的特点，并告诉宝宝只有多吃各种蔬菜，才能保持身体健康。

给教师的建议

认识生活中的物品是课程设计的内容之一。教师一定要多挖掘这类活动的内容，课程一定要联系生活。

休息时间：播放轻音乐

宝宝喝水、如厕，教师面向集体分享育儿方法

或与个别家长做沟通反馈。

第二部分

运动时光　小动物找食物

活动目标

1. 能够在游戏中往返走。
2. 增强耐力，发展体能。

活动准备

1. 实物：手偶（小羊、小猫、小鸡、小鸭各一个），自制小动物食物模型（小草、小鱼、小米、小虫）若干。
2. 推荐音乐：《摆一摆》。

活动过程

1. 热身活动“摆一摆”。

教师召集家长与宝宝围站成一个圆圈，播放歌曲《摆一摆》。教师随音乐节奏及歌词内容活动身体的各个部位，并请家长与宝宝模仿教师的动作，一起做热身运动。

师：“来来来，朋友们（双臂向前伸直，双手张开，做邀请动作），举起小手摆一摆（双臂不动，双手左右摇摆）；向前摆，向后摆，转一个圆圈跟我来（向前、向后挥臂摆手，并原地转一个圈）。来来来，朋友们（双臂向前伸直，双手张开），用你们的身体摆一摆（双手叉腰，扭一扭腰）；向左摆，向右摆，转一个圆圈跟我来（向左、向右晃动上半身，并原地转一个圈）。”

2. 热身结束，教师出示小羊手偶，介绍游戏“小动物找食物”。与此同时，将小草模型散放于教室的一角。教师鼓励家长引导宝宝在场地中寻找小草模型，并鼓励宝宝每次捡起一个小草模型喂给“小羊”吃。

师：“我是小羊，我要吃小草。你能帮我找些小草吗？”

3. 教师出示小猫手偶，将小鱼模型散放于教室的一角。教师鼓励家长引导宝宝在场地中寻找小鱼模型，并鼓励宝宝每次捡起一个小鱼模型喂给“小猫”吃。

师：“我是小猫，我要吃小鱼。你能帮我找些小鱼吗？”

4. 教师出示小鸡手偶，将小米模型散放于教室的一角。教师鼓励家长引导宝宝在场地中寻找小米模型，并鼓励宝宝每次捡起一把小米模型喂给“小鸡”吃。

师：“我是小鸡，我要吃小米。你能帮我找些小米吗？”

5. 教师出示小鸭手偶，将小虫模型散放于教室的一角。教师鼓励家长引导宝宝在场地中寻找小虫模型，并鼓励宝宝每次捡起一把小虫模型喂给“小鸭”吃。

师：“我是小鸭，我要吃小虫。你能帮我找些小虫吗？”

6. 游戏结束，教师收起玩教具，家长和宝宝坐在原地休息。

给家长的话

本次活动通过设置游戏情境，锻炼宝宝往返走的能力。但是，宝宝一直沉浸在游戏情境中，并不会知道这是在锻炼，只知道这是在游戏。因此，他会乐在其中，不会觉得疲惫。在家庭中，我们也要多给宝宝创设这种游戏形式，通过情境游戏来达到锻炼的效果。

给教师的建议

以游戏的形式达成目标是亲子教育中非常重要的理念。因此，设计让宝宝乐在其中的游戏情境是教师必备的能力之一。如果情境设置得成功，那么很多看似枯燥的练习也就变得充满乐趣了。

舒缓放松　儿歌按摩

活动准备

1. 实物：浴巾每个家庭一条、玩具娃娃一个。
2. 推荐音乐：《雪的梦幻》（班得瑞音乐）。

活动过程

1. 播放音乐《雪的梦幻》。
2. 家长将宝宝放在身前的浴巾上，围坐成半圆。
3. 教师手持玩具娃娃做示范，带领家长为宝宝按摩。

示范内容如下：双手轻捏玩具娃娃的双手和双臂，顺序为手指、手心和手背、小臂、大臂；双手轻捏玩具娃娃的双足和双腿，顺序为脚趾、脚心和脚背、小腿、大腿。动作可反复进行。

4. 教师一边示范按摩，一边说出儿歌。

师："秋风吹，树枝摇，小宝宝，要睡觉。吹到宝宝的×××（如小手指、小手心）。"

教师可根据按摩的部位调整儿歌的内容。

11

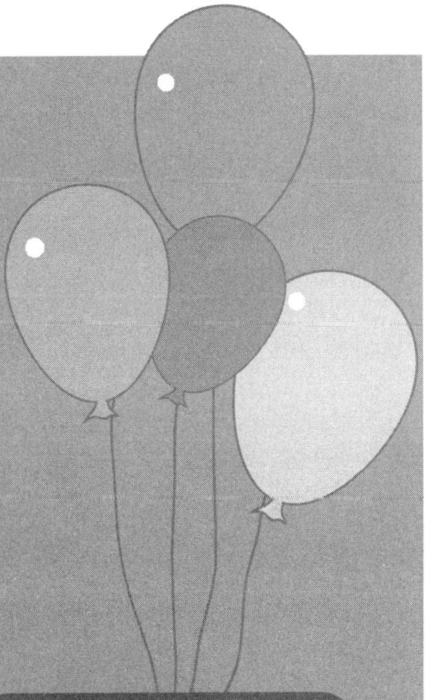

第十一周

第十一周课程预览

课程结构	活动流程	活动名称	时长
第一部分	趣味热身	好玩的扭扭圈	5 分钟
	亲子游戏	小马驮物	15 分钟
	探索发现	切水果	5 分钟
	休息		10 分钟
第二部分	运动时光	阳光隧道	20 分钟
	舒缓放松	儿歌按摩	5 分钟

第一部分

趣味热身　好玩的扭扭圈

活动准备

1. 实物：扭扭圈每人一对、浴巾每个家庭一条、玩具娃娃一个。
2. 推荐音乐：《间奏曲》。

活动过程

1. 教师发放给每人一对扭扭圈。家长坐在浴巾上，围坐成一个圆圈。宝宝坐在家长的身前或腿上，两只手分别握住扭扭圈。

   师：“请家长每人取一条浴巾并坐在上面，让宝宝坐在您的身前或腿上，我们帮助宝宝活动活动身体吧！”

2. 播放音乐《间奏曲》，教师跟随音乐节奏与儿歌示范简单的动作。家长模仿教师的动作，并帮助宝宝完成示范动作。

   师：“小朋友爱游戏（家长和宝宝一起双手上举，有节奏地摇摆扭扭圈），扭扭圈握手里（家长和宝宝双手放在肩两侧，同时模仿教师左右摆头）。动一动，比一比（起身，双手放于胸前，做扩胸动作），手握圈圈碰碰地（下蹲，用扭扭圈碰地一下，起立）。左扭扭，右扭扭（向左、右转动，同时分别用力抓握扭扭圈一下），转个圆圈来游戏（原地转一圈，转圈的同时双手于体侧随意晃动扭扭圈）。跳一跳，真有趣（宝宝将双手放于胸前，家长双手放在宝宝腋下，协助宝宝用力向上跳），我们一起练身体（家长扶住宝宝腋下，原地转一个圈后坐下来）。”

亲子游戏　小马驮物

活动目标

1. 初步感受音乐节奏的快慢变化。
2. 喜欢参与音乐游戏。

活动准备

1. 实物：小马手偶一个、铃鼓每个宝宝一个。
2. 推荐音乐：《小马驮物》。

活动过程

1. 教师出示小马手偶，向宝宝和家长打招呼问好，引起宝宝的兴趣。家长引导宝宝回应教师，并说“你好”。
2. 宝宝坐在家长的腿上。教师播放音乐《小马驮物》，跟随音乐有节奏地摆动小马手偶，并提示宝宝和家长注意A乐段节奏慢、B乐段节奏快。家长跟随音乐有节奏地颤动双腿，让宝宝感受音乐节奏的快慢变化。
3. 教师出示铃鼓，并分发给每个宝宝一个铃鼓。家长引导宝宝进行探索，拍击和摇动铃鼓。
4. 教师播放音乐《小马驮物》，家长引导宝宝拍击和摇动铃鼓。A乐段节奏慢，拍击铃鼓；B乐段节奏快，举起铃鼓，快速摇动。
5. 教师播放音乐《小马驮物》，家长背起宝宝，按音乐节奏行走，让宝宝感受节奏的快慢变化。A乐段时，慢慢地大步走；B乐段时，快快地小步跑。
6. 活动自然结束。

给家长的话

结合宝宝听觉的发展程度，13—18个月的宝宝已经逐渐发展到有能力感知乐曲的快慢变化了。《小马驮物》这首曲子为AB段曲式结构，采用了AB段反复重复的快慢对比形式，非常适合家长与宝宝通过背、抱等方式一起玩亲子互动游戏。

在宝宝能够模仿，同时也可以和成人玩一些简单的游戏时，家长可以借助音乐，通过让宝宝感受动作的幅度大小、速度快慢、力量强弱等方式，帮助宝宝充分地感受多样的音乐旋律，提升宝宝对音乐的感知能力。

给教师的建议

教师在设计课程时，除了选用一些有歌词的歌曲外，也可选用一些纯音乐类的音乐作品。亲子互动游戏中的动作感知是为了更好地让宝宝熟悉音乐的旋律。待宝宝对音乐熟悉后，教师可以先选择一些可供宝宝敲敲打打的乐器，让宝宝尝试为音乐伴奏。这对于正在发展精细动作能力的宝宝来说是一件非常快乐的事情。

探索发现　切水果

活动目标

1. 能用木制刀切开水果玩具。
2. 初步尝试简单收拾和整理玩具。

活动准备

实物：切水果玩具每个宝宝一套。

活动过程

1. 教师出示切水果玩具，并示范操作方法。

   师：“今天，我带来了好多水果，我们来玩切水果！这是刀，这是西瓜。宝宝来看我是怎么做的。”

   教师一只手握住木制刀刀把，另一只手取一个西瓜玩具放在菜板上并扶好，把刀口对准切口处，切下去，然后把切开的西瓜玩具放在旁边。用相同方法将剩下的水果玩具依次切开。最后，将切开的水果玩具一一粘在一起并放回盒子中。

2. 教师向家长简单介绍本次探索活动的重点和目的，并邀请宝宝上前来取切水果玩具。

师："今天的探索活动主要是让宝宝练习切的动作，提升宝宝的手眼协调能力；同时，我们要让宝宝尝试把切开的水果粘在一起，放回盒子，培养良好的收拾和整理习惯。家长一开始需要协助宝宝扶住水果，经过多次练习，视宝宝的情况逐渐放手，鼓励宝宝自己进行尝试。最后，家长一定要引导宝宝进行简单的收拾和整理，我们要给宝宝更多的练习机会。"

3. 宝宝进行探索和操作，家长引导宝宝，并适时进行互动。教师观察宝宝的探索情况及家长与宝宝的互动情况，适时给予指导。
4. 活动结束，家长引导宝宝将切水果玩具送到教师指定的地方。

给家长的话

"切水果"这个游戏是宝宝喜欢的动手操作类游戏之一，可以很好地促进宝宝手眼协调能力的发展，同时也能满足宝宝模仿成人活动的愿望和心理需求。家长可以为宝宝准备类似的玩具。从现在开始，我们要培养宝宝玩完玩具后收拾和整理的习惯了，切勿事事包办代替，剥夺宝宝学习的机会。前期需要家长耐心地重复和协助，坚持一段时间，宝宝就能逐渐自己进行收拾和整理了。

给教师的建议

教师要鼓励家长在家中多陪伴宝宝，多和宝宝互动。另外，提醒家长从现在开始要有意识地培养宝宝物归原处的习惯了。

休息时间：播放轻音乐

宝宝喝水、如厕，教师面向集体分享育儿方法

或与个别家长做沟通反馈。

第二部分

运动时光　阳光隧道

活动目标

1. 巩固钻爬的能力。
2. 发展身体的协调性。

活动材料

1. 实物：长方形软垫8块、阳光隧道1个、圆形门2个、拱形门4个。
2. 推荐音乐：《摆一摆》。

活动过程

1. 热身活动“摆一摆”。

   教师召集家长与宝宝围站成一个圆圈，播放歌曲《摆一摆》。教师随音乐节奏及歌词内容活动身体的各个部位，并请家长与宝宝模仿教师的动作，一起做热身运动。

   师：“来来来，朋友们（双臂向前伸直，双手张开，做邀请动作），举起小手摆一摆（双臂不动，双手左右摇摆）；向前摆，向后摆，转一个圆圈跟我来（向前、向后挥臂摆手，并原地转一个圈）。来来来，朋友们（双臂向前伸直，双手张开），用你们的身体摆一摆（双手叉腰，扭一扭腰）；向左摆，向右摆，转一个圆圈跟我来（向左、向右晃动上半身，并原地转一个圈）。”

2. 热身结束，家长和宝宝在教室一侧休息。教师将每4块长方形软垫的窄边与窄边连在一起，使其组成两条路，在一条路上放2个圆形门，在另一条路上放4个拱形门。请家长引导宝宝自由选择一条路爬过。每条路可反复通过。

师："宝宝一个跟着一个爬，家长要帮助宝宝建立排队的意识。"

3. 教师将阳光隧道放置在上述两条路的旁边，邀请家长引导宝宝尝试从中钻过。此活动可反复进行。

师："当宝宝钻进阳光隧道后，家长一定要跑到隧道尽头，弯下身去，用语言鼓励宝宝，并让他看到您在正前方。"

4. 教师引导家长鼓励宝宝用钻爬的方式重复通过三条路，并不断用语言和肢体动作进行鼓励。

5. 教师根据宝宝的体能状况和参与情况适时结束活动并收起玩教具，请家长和宝宝坐在原地休息。

给家长的话

本次活动宝宝一直处于钻爬的运动过程中，运动量较大，因此，家长时刻的陪伴与鼓励就变得十分重要。尤其是第一次钻阳光隧道的宝宝，他们要独自面对密闭空间带来的压力。当宝宝钻进隧道后，家长在宝宝正前方及时出现就显得非常重要。在家中，家长可以利用被褥等为宝宝创造密闭的空间，开展钻爬的游戏，以此来锻炼宝宝的钻爬能力，提高其自信心。

给教师的建议

在本次活动中，宝宝第一次从密闭空间（阳光隧道）中钻过，因此，关注宝宝对此类教具的反应非常重要。有些宝宝在初期会有抵触情绪，此时不必强求，让家长抱起宝宝在旁边观看一会儿就行。另外，指导家长及时出现在隧道尽头，并用语言给予宝宝鼓励。

舒缓放松　儿歌按摩

活动准备

1. 实物：浴巾每个家庭一条、玩具娃娃一个。
2. 推荐音乐：《雪的梦幻》(班得瑞音乐)。

活动过程

1. 播放音乐《雪的梦幻》。
2. 家长将宝宝放在身前的浴巾上，围坐成半圆。
3. 教师手持玩具娃娃做示范，带领家长为宝宝按摩。

   示范内容如下：双手轻捏玩具娃娃的双手和双臂，顺序为手指、手心和手背、小臂、大臂；双手轻捏玩具娃娃的双足和双腿，顺序为脚趾、脚心和脚背、小腿、大腿。动作可反复进行。
4. 教师一边示范按摩，一边说出儿歌。

   师："秋风吹，树枝摇，小宝宝，要睡觉。吹到宝宝的×××(如小手指、小手心)。"

   教师可根据按摩的部位调整儿歌的内容。

12

第十二周

第十二周课程预览

课程结构	活动流程	活动名称	时　长
第一部分	趣味热身	好玩的扭扭圈	5 分钟
	亲子游戏	大马大马告诉我	15 分钟
	探索发现	穿珠子（动物串珠）	5 分钟
	休　　息		10 分钟
第二部分	运动时光	彩虹隧道	20 分钟
	舒缓放松	儿歌按摩	5 分钟

第一部分

趣味热身　好玩的扭扭圈

活动准备

1. 实物：扭扭圈每人一对、浴巾每个家庭一条、玩具娃娃一个。
2. 推荐音乐：《间奏曲》。

活动过程

1. 教师发放给每人一对扭扭圈。家长坐在浴巾上，围坐成一个圆圈。宝宝坐在家长的身前或腿上，两只手分别握住扭扭圈。

   师："请家长每人取一条浴巾并坐在上面，让宝宝坐在您的身前或腿上，我们帮助宝宝活动活动身体吧！"

2. 播放音乐《间奏曲》，教师跟随音乐节奏与儿歌示范简单的动作。家长模仿教师的动作，并帮助宝宝完成示范动作。

   师："小朋友爱游戏（家长和宝宝一起双手上举，有节奏地摇摆扭扭圈），扭扭圈握手里（家长和宝宝双手放在肩两侧，同时模仿教师左右摆头）。动一动，比一比（起身，双手放于胸前，做扩胸动作），手握圈圈碰碰地（下蹲，用扭扭圈碰地一下，起立）。左扭扭，右扭扭（向左、右转动，同时分别用力抓握扭扭圈一下），转个圆圈来游戏（原地转一圈，转圈的同时双手于体侧随意晃动扭扭圈）。跳一跳，真有趣（宝宝将双手放于胸前，家长双手放在宝宝腋下，协助宝宝用力向上跳），我们一起练身体（家长扶住宝宝腋下，原地转一个圈后坐下来）。"

亲子游戏　大马大马告诉我

活动目标

1. 初步感知音乐的欢快节奏。
2. 体验亲子音乐游戏的快乐。

活动准备

1. 实物：打棒每个宝宝一对、彩虹绳一条、玩具娃娃一个。
2. 推荐音乐：《大马大马告诉我》。

活动过程

1. 教师一边说儿歌《红色的小马车》，一边抱着玩具娃娃做动作。宝宝坐在家长的腿上，面向家长。

   师：“我有一辆红色的小马车，我要坐上它去看外婆。宝宝坐好了吗？我们要出发了！”

   家长模仿教师的动作，有节奏地上下颤动双腿，让宝宝感受起伏。可重复两至三次。

2. 教师播放音乐《大马大马告诉我》，家长跟随音乐有节奏地颤动双腿。当听到“哎格伦噔哟”时，家长抱着宝宝向后仰。

   师：“现在，我们一起听着音乐、骑上大马去玩耍啦！”

   宝宝坐在家长的腿上。如果宝宝感到紧张，可以先采用面对面坐的方式。家长向后仰时，双手扶住宝宝腋下，过程中要与宝宝进行眼神交流，给予宝宝鼓励和肯定。待熟悉后，再让宝宝背对家长进行活动。

3. 教师出示彩虹绳，邀请家长抱着宝宝围坐成圆圈并握住彩虹绳。教师播放音乐《大马大马告诉我》，家长引导宝宝跟随音乐有节奏地晃动彩虹绳。当听到“哎格伦噔哟”时，一起向后拉动彩虹绳并后仰。
4. 教师出示打棒，并邀请宝宝上前取打棒。家长引导宝宝探索打棒，尝试用打棒快快地或慢慢地敲击。
5. 教师播放音乐《大马大马告诉我》，家长引导宝宝跟随音乐有节奏地敲击打棒，尝试为歌曲伴奏。

6. 活动结束，家长引导宝宝将打棒送回教师指定的地方。

给家长的话

宝宝从几个月开始就喜欢被成人抱着放在腿上晃来晃去，骑膝马游戏更是家长可以随时和宝贝一起互动的传统游戏。对于小一点的宝宝来说，家长可以借助《红色的小马车》这样的韵律儿歌，通过有节奏地屈膝颠颤的方式，让宝宝感受骑膝马游戏的乐趣。随着宝宝逐渐长大，腿部力量也逐渐增强，家长在与他面对面坐时，可以尝试一边拉住宝宝的双手，一边有节奏地颤动，让宝宝学会有意识地控制自己的身体，并配合音乐欢快的节奏，学会借力且有节奏地向上颠颤。这样的游戏和练习过程会让宝宝觉得更加有趣。

给教师的建议

游戏中，教师一定要引导家长抱着宝宝完成向后仰的动作。首先要慢，其次一定要提醒家长关注宝宝的表情，要考虑到有些胆小、内向的宝宝可能会抗拒。家长要循序渐进地引导宝宝尝试和体验这种游戏方式。宝宝一旦接受此环节，就会特别高兴，这将成为他们反复参与游戏的兴趣点之一。待熟练之后，家长再和宝宝一起玩后仰互动游戏时，动作要更加干脆、利落。

探索发现　穿珠子（动物串珠）

活动目标

1. 能将带木棍的线绳穿过洞孔，将动物串珠穿在一起。

2. 练习穿的动作，提升手眼协调能力。

活动准备

实物：动物串珠每个宝宝一盒。

活动过程

1. 教师出示动物串珠。

师："今天，我带来了动物串珠，我们来把它们串起来。宝宝看看我是怎么做的。"

教师打开盒子，取出带木棍的线绳，并将线绳拉直平放在面前。然后，取出三个动物串珠摆放在线绳上方。拿起一个动物串珠，先指向串珠上的洞孔，引起宝宝的注意，再完成穿的动作。采用相同的方法，将三个串珠穿在一起，向家长和宝宝展示。最后，将动物串珠一一取下放回盒中，将线绳整理好也放回盒中。

2. 教师分发给每个宝宝一盒动物串珠，并向家长简单介绍本次探索活动的重点和目的。

师："今天的探索活动主要是练习穿珠子，促进手眼协调能力和手部精细动作的发展。因为宝宝年龄小，刚开始练习时，我们提供的是带木棍的线绳，引导宝宝穿大串珠。一开始，宝宝可能无法很快对准串珠上的洞孔。家长可以先帮助宝宝拿串珠，让宝宝用木棍去找洞孔，练习几次后再逐渐让宝宝尝试独立完成。过程中，家长要观察宝宝拿串珠和木棍的动作，看宝宝是否能熟练地用拇指、食指拿捏住东西。"

3. 宝宝进行探索和操作，家长引导宝宝，并适时进行互动。教师观察宝宝的探索情况及家长与宝宝的互动情况，适时给予指导。

4. 活动结束，家长引导宝宝将动物串珠送回教师指定的地方。

给家长的话

穿珠子可以锻炼宝宝手部的精细动作，经常玩有助于提高宝宝的注意力，使宝宝的手眼更协调。在操作过程中，如果观察到宝宝还不能灵巧地用拇指、食指捏物，那么在日常生活中，家长应多给宝宝提供二指捏物的锻炼机会，让宝宝多加练习。

给教师的建议

穿珠子的活动可以多次进行。随着宝宝年龄的增长，教师可以不断调整教具材料的难度，如洞孔越来越小，串珠越来越多，绳子越来越细、越来越长。

休息时间：播放轻音乐

宝宝喝水、如厕，教师面向集体分享育儿方法

或与个别家长做沟通反馈。

第二部分

运动时光　彩虹隧道

活动目标

1. 提升钻爬的能力。
2. 愿意尝试挑战。

活动材料

1. 实物：长方形软垫8块、阳光隧道2个、圆形门2个、拱形门4个、彩虹伞2个。
2. 推荐音乐：《摆一摆》。

活动过程

1. 热身活动“摆一摆”。

教师召集家长与宝宝围站成一个圆圈，播放歌曲《摆一摆》。教师随音乐节奏及歌词内容活动身体的各个部位，并请家长与宝宝模仿教师的动作，一起做热身运动。

师：“来来来，朋友们（双臂向前伸直，双手张开，做邀请动作），举起小手摆一摆（双臂不动，双手左右摇摆）；向前摆，向后摆，转

一个圆圈跟我来（向前、向后挥臂摆手，并原地转一个圈）。来来来，朋友们（双臂向前伸直，双手张开），用你们的身体摆一摆（双手叉腰，扭一扭腰）；向左摆，向右摆，转一个圆圈跟我来（向左、向右晃动上半身，并原地转一个圈）。”

2. 热身结束，家长和宝宝在教室一侧休息。教师将每4块长方形软垫的窄边与窄边连在一起，使其组成两条路，在一条路上放2个圆形门，在另一条路上放4个拱形门。请家长引导宝宝自由选择一条路爬过。每条路可反复通过。

   师：“宝宝一个跟着一个爬，家长要帮助宝宝建立排队的意识。”

3. 教师将2个阳光隧道放置在上述两条路的旁边，邀请家长引导宝宝尝试从中钻过。家长可以鼓励宝宝连续钻过两个阳光隧道，也可以钻过一个后休息一会儿，再钻另一个。

   师：“当宝宝钻进阳光隧道后，家长一定要跑到隧道尽头，弯下身去，用语言鼓励宝宝，并让他看到您在正前方。”

4. 教师用2个彩虹伞分别将拱形门和圆形门盖住，形成两条彩虹隧道，引导家长鼓励宝宝从下面钻过。

   师：“宝宝通过这两条彩虹隧道的方法与通过阳光隧道的方法一样。当宝宝钻进隧道后，家长一定要跑到隧道尽头，弯下身去，用语言鼓励宝宝，并让他看到您在正前方。”

5. 教师引导家长鼓励宝宝用钻爬的方式重复通过三条路，并不断用语言和肢体动作进行鼓励。

6. 教师根据宝宝的体能状况和参与情况适时结束活动并收起玩教具，请家长和宝宝坐在原地休息。

给家长的话

本次活动和上次活动相比，多了钻爬彩虹隧道这一环节，增加了宝宝在密闭空间内钻爬的锻炼机会。而且，整个活动中宝宝一直处于钻爬的运动过程中，运动量较大，因此，家长的鼓励不能缺少。家长也可以在家中设置类似的情境，让宝宝进行练习。

给教师的建议

教师应密切关注宝宝对彩虹伞的接受程度。有些宝宝在初期会有抵触情绪，此时不必强求，让家长抱起宝宝在旁边观看一会儿就行。另外，指导家长及时出现在隧道尽头，并用语言给予宝宝鼓励。让宝宝看到家长非常重要，可以避免让宝宝感觉到身边无人陪伴，从而产生畏惧心理。

舒缓放松　儿歌按摩

活动准备

1. 实物：浴巾每个家庭一条、玩具娃娃一个。
2. 推荐音乐：《雪的梦幻》（班得瑞音乐）。

活动过程

1. 播放音乐《雪的梦幻》。
2. 家长将宝宝放在身前的浴巾上，围坐成半圆。
3. 教师手持玩具娃娃做示范，带领家长为宝宝按摩。

   示范内容如下：双手轻捏玩具娃娃的双手和双臂，顺序为手指、手心和手背、小臂、大臂；双手轻捏玩具娃娃的双足和双腿，顺序为脚趾、脚心和脚背、小腿、大腿。动作可反复进行。
4. 教师一边示范按摩，一边说出儿歌。

   师：“秋风吹，树枝摇，小宝宝，要睡觉。吹到宝宝的×××（如小手指、小手心）。”

   教师可根据按摩的部位调整儿歌的内容。

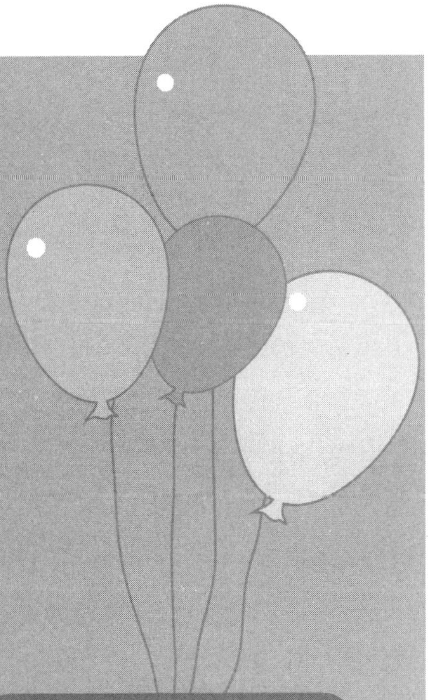

第十三周

第十三周课程预览

课程结构	活动流程	活动名称	时　长
第一部分	趣味热身	好玩的扭扭圈	5 分钟
	亲子游戏	踢踏	15 分钟
	探索发现	乐器箱	5 分钟
	休　　息		10 分钟
第二部分	运动时光	椅子游戏	20 分钟
	舒缓放松	不倒翁	5 分钟

第一部分

趣味热身　好玩的扭扭圈

活动准备

1. 实物：扭扭圈每人一对、浴巾每个家庭一条、玩具娃娃一个。
2. 推荐音乐：《间奏曲》。

活动过程

1. 教师发放给每人一对扭扭圈。家长坐在浴巾上，围坐成一个圆圈。宝宝坐在家长的身前或腿上，两只手分别握住扭扭圈。

   师："请家长每人取一条浴巾并坐在上面，让宝宝坐在您的身前或腿上，我们帮助宝宝活动活动身体吧！"

2. 播放音乐《间奏曲》，教师跟随音乐节奏与儿歌示范简单的动作。家长模仿教师的动作，并帮助宝宝完成示范动作。

   师："小朋友爱游戏（家长和宝宝一起双手上举，有节奏地摇摆扭扭圈），扭扭圈握手里（家长和宝宝双手放在肩两侧，同时模仿教师左右摆头）。动一动，比一比（起身，双手放于胸前，做扩胸动作），手握圈圈碰碰地（下蹲，用扭扭圈碰地一下，起立）。左扭扭，右扭扭（向左、右转动，同时分别用力抓握扭扭圈一下），转个圆圈来游戏（原地转一圈，转圈的同时双手于体侧随意晃动扭扭圈）。跳一跳，真有趣（宝宝将双手放于胸前，家长双手放在宝宝腋下，协助宝宝用力向上跳），我们一起练身体（家长扶住宝宝腋下，原地转一个圈后坐下来）。"

亲子游戏　踢踏

活动目标

1. 尝试感受音乐的固定节拍。
2. 喜欢参与音乐活动。

活动准备

1. 实物：铃鼓每人一个。
2. 推荐音乐：《踢踏》。

活动过程

1. 教师讲述故事并示范基本动作。

师："有两对音乐精灵，一对是'噜啦'和'踢踏'，另一对是'噜啦啦'和'踢踏踏'。它们最爱和小朋友跳舞了。宝宝先来跟我学学看！"

具体动作为：当听到"噜啦"时拍手；当听到"踢踏"时，两手分开与肩同宽并转手腕；当听到"噜啦啦""踢踏踏"时，双臂在胸前交叉，自下而上，边转手腕，双臂边移至身体两侧。

2. 教师播放音乐《踢踏》，家长引导宝宝跟随音乐模仿教师的动作。
3. 教师出示铃鼓，并邀请宝宝上前来取铃鼓。家长引导宝宝探索铃鼓，并尝试用不同的速度拍击和摇动铃鼓。
4. 教师播放音乐《踢踏》。

师："现在，我们带着铃鼓一起和音乐精灵玩游戏啦！宝宝准备好你的铃鼓！家长在过程中更多是要给宝宝正确的节奏和示范，以及用身体动作和眼神带动宝宝拍击铃鼓。"

家长引导宝宝跟随音乐有节奏地拍击和摇动铃鼓，尝试为乐曲伴奏。当听到"噜啦""踢踏"时，有节奏地拍击铃鼓；当听到"噜啦啦""踢踏踏"时，有节奏地摇动铃鼓。

5. 请家长和宝宝站立起来，家长双手扶住宝宝腋下。

师："请家长和宝宝站立起来，我们跟着音乐跳舞了。家长扶住宝宝腋下，可以模仿我的动作，协助宝宝摇摆身体、跳动及转圈，让宝宝用身体去感受音乐。”

教师播放音乐《踢踏》，家长跟随音乐有节奏地完成动作，宝宝通过亲子互动和身体感知音乐。具体动作为：当听到“噜啦”时，家长扶住宝宝腋下，协助宝宝左右摇摆向上；当听到“踢踏”时，协助宝宝向下，并原地跳动两下；当听到“噜啦啦”“踢踏踏”时，协助宝宝原地转一圈。

6. 音乐结束，教师组织家长扶住宝宝腋下，进行两次举高。活动自然结束。

给家长的话

这首歌曲既欢快好听，又能营造特别好的气氛。家长在家时可以经常放这首歌曲给宝宝听，您会惊喜地看到宝宝自动随着音乐自由表演。

给教师的建议

这次活动采用了奥尔夫音乐活动的形式，尝试将动作、语言、舞蹈相结合，通过让宝宝感受动作的幅度大小、速度快慢、力量强弱等，以及铃鼓的不同演奏方式，加深宝宝对音乐的体验。教师可以尝试将这样的设计用于其他音乐活动中。

探索发现　乐器箱

活动目标

1. 初步认识沙锤、串铃、铃鼓、腕铃。
2. 感受不同乐器的声音，喜欢玩乐器。

活动准备

1. 实物：沙锤、串铃、铃鼓、腕铃各6套，乐器箱1个。
2. 推荐音乐：《踢踏》。

活动过程

1. 教师展示乐器箱中的不同乐器，并向家长和宝宝就乐器的名称和基本的操作方法进行简单的介绍。

   师："今天，我带来了好多乐器朋友。现在，我们来看看都有哪些好玩的乐器。这是沙锤，它可以这样发出声音；这是串铃……"

2. 教师向家长简单介绍本次探索活动的重点和目的，然后将各种乐器散放在场地中间，邀请宝宝前来选取自己喜欢的乐器。

   师："今天的探索活动由前面的亲子游戏延伸而来，目的是让宝宝探索多种乐器，尝试让不同的乐器发出声音，倾听和感受不同的声音。家长在引导宝宝时，不用刻意强调乐器的名称或强迫宝宝按我的方式去操作乐器。只要他乐于把玩各种乐器，专注于让乐器发出声音就好。我们要鼓励宝宝大胆探索，用多种方式让乐器发声。"

3. 宝宝开始探索和操作不同的乐器，家长进行引导。教师观察宝宝的探索情况及家长与宝宝的互动情况，适时给予指导。

4. 请家长和宝宝分别选取自己喜欢的一件乐器。教师播放音乐《踢踏》，家长与宝宝使用乐器为音乐伴奏。

   师："现在，请家长和宝宝每人选一件喜欢的乐器并准备好，我们一起用各种乐器来为音乐《踢踏》伴奏吧！"

5. 活动结束，家长引导宝宝将乐器送回教师指定的地方。

给家长的话

随着宝宝年龄的增长，我们会提供更多的乐器让宝宝探索，让宝宝在探索中感受不同乐器的声音、不同的演奏方式，给他们丰富的刺激。家长在家里可以利用生活中的材料或者通过废旧物品再利用的方式制造一些乐器（如在矿泉水瓶中放置数粒黄豆），跟宝宝一起玩。

给教师的建议

教师要注意示范乐器的正确演奏方式，提醒家长和宝宝轻拿轻放乐器。

休息时间：播放轻音乐

宝宝喝水、如厕，教师面向集体分享育儿方法

或与个别家长做沟通反馈。

第二部分

运动时光　椅子游戏

活动目标

1. 能够推动椅子前进。
2. 体验亲子游戏的快乐。

活动准备

实物：带靠背的小椅子每个宝宝一把。

活动过程

1. 热身活动“蜗牛爬”。

   教师请家长坐在地上，伸直双腿，宝宝坐在家长的腿上，面向家长双手抱住家长的腰。家长双手撑地，双腿一伸一曲，向前移动。此游戏可反复进行，达到热身目的后即可停止。

2. 教师发给每个宝宝一把椅子，引导家长带宝宝在教室中用椅子做游戏。

   师：“家长可以自由探索椅子的玩法，方法不限，注意安全。”

3. 教师双手推一把椅子的靠背，向前行进。同时，邀请家长引导宝宝模仿教师的动作推动椅子前进。

4. 教师充分利用场地，在前面做推动椅子的示范，引导家长鼓励宝宝在后面跟随。
5. 教师根据宝宝的体能状况和参与度适时结束活动。教师收起椅子，家长和宝宝坐在原地休息。

给家长的话

椅子是家庭里最常见的家具。本次活动中用的椅子要稳定性好、轻便，适合宝宝推动。宝宝在推动椅子时不仅可以练习走路，椅子在他们的推动下移动，也会让他们感受到自己的力量，建立成就感。

给教师的建议

本次活动将常见的物品当作教具，这既让宝宝有亲切感，又给家长以启迪，启发他们回家寻找适合给宝宝做教具的物品，利用熟悉的材料创新游戏玩法。

舒缓放松　不倒翁

活动准备

实物：玩具娃娃一个、长方形软垫每个家长一个。

活动过程

1. 教师盘腿坐在长方形软垫上，面向家长与宝宝。宝宝坐在家长的怀里，家长坐在长方形软垫上。
2. 教师示范游戏玩法。教师一边按摩玩具娃娃的肩膀，一边说儿歌。当说到“不倒翁，翁不倒，怀里坐着小宝宝”时，身体有节奏地摇动；当说到“东歪歪，西歪歪”时，双手扶住玩具娃娃腋下，身体分别向左、右大幅度地倾斜；当说到最后一句“摇来摇去摇不倒”时，双手扶住玩具娃娃腋下，身体快速向后躺下去，然后再坐起来。
3. 家长模仿教师的动作，一边学说儿歌一边做游戏。

第十四周

第十四周课程预览

课程结构	活动流程	活动名称	时 长
第一部分	趣味热身	好玩的扭扭圈	5 分钟
	亲子游戏	两只老虎	15 分钟
	探索发现	玩转颜料	5 分钟
休 息			10 分钟
第二部分	运动时光	好玩儿的毯子	20 分钟
	舒缓放松	不倒翁	5 分钟

第一部分

趣味热身　好玩的扭扭圈

活动准备

1. 实物：扭扭圈每人一对、浴巾每个家庭一条、玩具娃娃一个。
2. 推荐音乐：《间奏曲》。

活动过程

1. 教师发放给每人一对扭扭圈。家长坐在浴巾上，围坐成一个圆圈。宝宝坐在家长的身前或腿上，两只手分别握住扭扭圈。

   师：“请家长每人取一条浴巾并坐在上面，让宝宝坐在您的身前或腿上，我们帮助宝宝活动活动身体吧！”

2. 播放音乐《间奏曲》，教师跟随音乐节奏与儿歌示范简单的动作。家长模仿教师的动作，并帮助宝宝完成示范动作。

   师：“小朋友爱游戏（家长和宝宝一起双手上举，有节奏地摇摆扭扭圈），扭扭圈握手里（家长和宝宝双手放在肩两侧，同时模仿教师左右摆头）。动一动，比一比（起身，双手放于胸前，做扩胸动作），手握圈圈碰碰地（下蹲，用扭扭圈碰地一下，起立）。左扭扭，右扭扭（向左、右转动，同时分别用力抓握扭扭圈一下），转个圆圈来游戏（原地转一圈，转圈的同时双手于体侧随意晃动扭扭圈）。跳一跳，真有趣（宝宝将双手放于胸前，家长双手放在宝宝腋下，协助宝宝用力向上跳），我们一起练身体（家长扶住宝宝腋下，原地转一个圈后坐下来）。”

亲子游戏 两只老虎

活动目标

1. 能跟随音乐做动作。
2. 感受音乐的节拍。

活动准备

1. 实物：老虎手偶两个（将一只老虎的耳朵遮盖住，将另一只老虎的尾巴藏起来），沙锤每个宝宝一对。
2. 推荐音乐：《两只老虎》。

活动过程

1. 教师出示老虎手偶，并戴上老虎手偶走到宝宝面前，与宝宝逐一进行简单的问好。家长引导宝宝摸摸、抱抱老虎手偶，和老虎手偶打招呼问好。

   师："今天，有两个小老虎来和宝宝做游戏。'你们好！'现在，小老虎要向每个宝宝依次问好。家长可以引导宝宝摸摸或抱抱小老虎，和它说声'你好'。"

2. 教师口述歌词，用手偶进行表演，引起宝宝的兴趣。家长引导宝宝安静地观看。

   师："小老虎邀请宝宝观看它们带来的表演《两只老虎》。"

3. 教师清唱歌曲《两只老虎》，并用手偶进行表演。家长引导宝宝通过拍手打节拍。
4. 教师播放音乐《两只老虎》，家长引导宝宝跟随音乐模仿教师的动作。具体动作为：当听到"两只老虎，两只老虎，跑得快，跑得快"时，左右手五指分开，呈抓握状，模仿老虎的样子；当听到"一只没有耳朵，一只没有尾巴"时，手分别指耳朵和身后；当听到"真奇怪，真奇怪"时，拍一下手再打开，重复两次。
5. 教师出示沙锤，并分发给每个宝宝一对。家长引导宝宝探索沙锤，并尝试快快地、慢慢地晃动沙锤。

6. 教师播放音乐《两只老虎》，家长引导宝宝跟随音乐有节奏地晃动沙锤。当听到“一只没有耳朵，一只没有尾巴”时，用沙锤指耳朵和身后；当听到“真奇怪，真奇怪”时，将两个沙锤轻碰再分开，重复两次。
7. 活动结束，家长引导宝宝将沙锤送回教师指定的地方。

给家长的话

生活中，当家长和宝宝互动时，可以把“耳朵”换成“鼻子”“嘴巴”等五官的名称。这样既可以丰富宝宝的词汇，又可以在游戏中帮助宝宝认识五官。

给教师的建议

很多歌曲都会在活动设计中重复出现，教师要创造出不一样的玩法、不一样的游戏。

探索发现　玩转颜料

活动目标

1. 尝试用拍、按、滚的方式作画。
2. 体验玩颜色的乐趣。

活动准备

实物：装有红色、黄色、蓝色颜料的颜料盘每个宝宝一个，带有不同花纹的滚轮和印章每个宝宝一份（可用有花纹、易抓握的小瓶子或瓶盖等代替），卷轴纸每个宝宝一米（可用普通大开画纸代替），水晶垫板一块（有一定厚度的硬质塑料桌布亦可），抹布每个宝宝一块，罩衣每个宝宝一件。

活动过程

1. 教师将卷轴纸贴在墙面上，使其高度与宝宝身高齐平。教师示范作画，用各种作画工具逐一蘸取颜料，随意拓印或涂抹在卷轴纸上。家长引导宝宝观看教师作画。

师：“今天，我们尝试使用工具作画。宝宝看，我用滚轮在纸上滚呀滚，印出了小兔子！拿这个印章按一按，印出了小草……宝宝一会儿也可以来试试哦！”

2. 教师向家长简单介绍本次探索活动的重点和目的，并分发给每个宝宝一件罩衣。

师：“今天的探索活动中，我们为宝宝提供了多种作画工具，目的是让宝宝尝试使用不同的工具去拍、按、滚，拓印出各种各样的图案，满足宝宝动作发展的需求，感受玩颜料的乐趣。家长在宝宝作画的过程中，要鼓励宝宝大胆尝试，可以适时将宝宝使用的颜色和拓印出的图案简单地说出来，告诉宝宝。”

3. 家长帮助宝宝穿好罩衣。宝宝开始自由地探索和操作，家长引导宝宝探索各种作画工具，并尝试在卷轴纸上拓印或涂抹。
4. 教师观察宝宝的探索情况及家长与宝宝的互动情况，适时给予指导。
5. 活动结束，家长带宝宝到洗手池洗手，并引导宝宝将罩衣送回教师指定的地方。

给家长的话

宝宝非常喜欢玩颜色，亲手拓印或涂抹既满足了宝宝动作发展的需求，又使宝宝感受到了颜色的多彩和有趣。一岁多的宝宝处于涂鸦期，我们应多提供给宝宝玩颜色的机会，让宝宝通过涂涂画画提高对画画的兴趣。同时，这也能发展宝宝的创造力、想象力。

给教师的建议

注意提醒家长不要试图控制和干扰宝宝的创作，不要追求画面的好看。对于这个年龄段的宝宝来说，更重要的是满足动作的练习与重复的需要。

休息时间：播放轻音乐

宝宝喝水、如厕，教师面向集体分享育儿方法

或与个别家长做沟通反馈。

第二部分

运动时光　好玩儿的毯子

活动目标

1. 愿意在游戏中感受平衡。
2. 体验亲子游戏的快乐。

活动准备

实物：长方形毯子（120cm × 150cm）每个家长一条。

活动过程

1. 热身活动“蜗牛爬”。

   教师请家长坐在地上，伸直双腿，宝宝坐在家长的腿上，面向家长双手抱住家长的腰。家长双手撑地，双腿一伸一曲，向前移动。此游戏可反复进行，达到热身目的后即可停止。
2. 教师发给每个家长一条长方形毯子，并指导家长将毯子一条窄边上的两个角打成一个结，让宝宝躺在毯子上，双手抓住毯子的两条宽边，双脚抵住打好的结。
3. 教师引导家长拉着毯子另一条窄边上的两个角在原地转个圈，让宝宝

进行初步的体验。

4. 教师引导家长拉着毯子没有打结的两个角慢慢向前走，同时用语言鼓励宝宝坚持躺在毯子上。
5. 教师充分利用场地，引导家长拉着毯子在教室中前进。
6. 教师根据宝宝的体能状况适时结束活动，并收起教具。家长和宝宝坐在原地休息。

给家长的话

毯子是我们生活中常见的物品。本次活动既激发了宝宝的兴趣，又发展了宝宝的前庭觉，也增加了亲子之间的互动。希望家长发挥想象力，把家庭中一些常见的物品运用到和宝宝互动的游戏中，多带宝宝玩一玩。

给教师的建议

本次活动利用毯子锻炼宝宝的平衡能力，发展其前庭觉。其实，利用浴巾、沙发垫等都可以开展类似的活动。教师可以举一反三，设计更多类似的亲子活动。

舒缓放松　不倒翁

活动准备

实物：玩具娃娃一个、长方形软垫每个家长一个。

活动过程

1. 教师盘腿坐在长方形软垫上，面向家长与宝宝。宝宝坐在家长的怀里，家长坐在长方形软垫上。
2. 教师示范游戏玩法。教师一边按摩玩具娃娃的肩膀，一边说儿歌。当说到“不倒翁，翁不倒，怀里坐着小宝宝”时，身体有节奏地摇动；当说到“东歪歪，西歪歪”时，双手扶住玩具娃娃腋下，身体分别向左、右大幅度地倾斜；当说到最后一句“摇来摇去摇不倒”时，双手扶住玩具娃娃腋下，身体快速向后躺下去，然后再坐起来。

3. 家长模仿教师的动作，一边学说儿歌一边进行游戏。

15

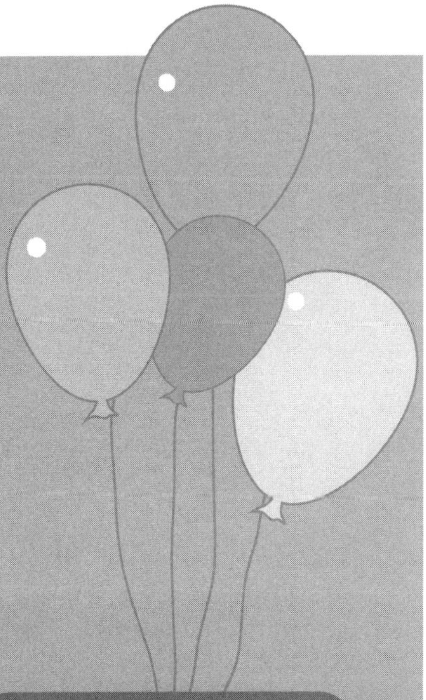

第十五周

第十五周课程预览

课程结构	活动流程	活动名称	时长
第一部分	趣味热身	萝卜白菜	5 分钟
	亲子游戏	我的身体	15 分钟
	探索发现	穿珠子（鞋带绳）	5 分钟
	休息		10 分钟
第二部分	运动时光	坐小船	20 分钟
	舒缓放松	不倒翁	5 分钟

第一部分

趣味热身　萝卜白菜

活动准备

1. 实物：扭扭圈每个宝宝一对、浴巾每个家庭一条、玩具娃娃一个。
2. 推荐音乐：《间奏曲》。

活动过程

1. 家长坐在浴巾上，围坐成一个圆圈。宝宝坐在家长的身前或腿上，两只手分别握住扭扭圈。

   师："请家长每人取一条浴巾并坐在上面，让宝宝坐在您的身前或腿上，我们帮助宝宝活动活动身体吧！"

2. 播放音乐《间奏曲》，教师跟随音乐节奏与儿歌示范简单的动作。家长模仿教师的动作，并帮助宝宝完成示范动作。

   师："胡萝卜，大白菜（家长握住宝宝的肘关节，有节奏地将宝宝的手臂打开、合上，反复完成开合拍手的动作），嫩豆腐，鲜牛奶（家长握住宝宝的指尖并将宝宝手臂轻轻拉直，完成上下拉动或抖动的动作），红苹果，绿黄瓜（家长有节奏地轻拍宝宝腹部三次、轻轻按压三次），吃的多，长得快（家长扶住宝宝腋下，让宝宝借力有节奏地向上跳）。"

亲子游戏　我的身体

活动目标

1. 能指认自己身体的各个部位。
2. 喜欢参与亲子音乐游戏。

活动准备

1. 实物：按摩球每个宝宝两个。
2. 推荐音乐：《我的身体》。

活动过程

1. 家长怀抱宝宝与教师围坐成圆圈。

师："请宝宝和我一样伸出小手，摆一摆，我们给爸爸瞧一瞧，给妈妈看一看，我们的小手有多好看。爸爸瞧，妈妈看，宝宝的小手真好看……"

教师表演儿歌《爸爸瞧，妈妈看》，家长引导宝宝模仿教师的动作。儿歌可重复两至三遍。重复至第三遍时，可将儿歌中的"小手"替换为"小脚"。

2. 教师口述歌曲《我的身体》的歌词，边说边用手指认说到的身体部位。

师："宝宝给爸爸妈妈看过了小手和小脚。现在请你和我一样，摸摸头，让我看看你是否能找到头。拍拍肩……这是我的胸，这是我的腰……"

家长帮助宝宝模仿教师的动作和指认教师说到的身体部位。比如，说到"我的头"时，双手放头上；说到"我的肩"时，双手放肩上……

3. 教师清唱歌曲，并用动作进行表演和指认身体部位。家长引导宝宝模仿教师的动作和指认身体部位。
4. 教师播放音乐《我的身体》，家长引导宝宝跟随音乐有节奏地做动作和指认歌曲中唱到的身体部位。
5. 教师出示按摩球，并分发给每个宝宝两个按摩球。家长引导宝宝探索按摩球，并进行互动游戏。家长说身体部位，宝宝将按摩球快速放到该身体部位上。

师："现在，小球和你做游戏，我们告诉小球我们的身体部位都有哪些。家长和宝宝玩一玩互动小游戏，家长来说身体部位，宝宝快速把球放到该身体部位上，看看宝宝是不是可以很快就找到呢。"

6. 家长与宝宝面对面坐好。教师播放音乐《我的身体》，家长引导宝宝跟随音乐做动作，并将按摩球放到歌曲中唱到的身体部位上。
7. 活动结束，家长引导宝宝将按摩球送回教师指定的地方。

给家长的话

宝宝处于语言学习的关键期，重复的听觉刺激能促进宝宝语言能力的发展。家长用多种多样的方式跟宝宝互动，以游戏的方式说身体部位的名称，有助于宝宝理解词语与身体部位的对应关系，宝宝也会特别感兴趣。

给教师的建议

认识身体的部位及其名称是这个年龄段宝宝重要的学习内容之一，教师可以设计多种活动帮助宝宝进行学习。

探索发现　穿珠子（鞋带绳）

活动目标

1. 能用鞋带绳将大孔珠子穿在一起。
2. 提升手眼协调能力。

活动准备

实物：彩色鞋带绳每个宝宝一条、大孔珠子每个宝宝10颗、收纳筐每个宝宝一个。

活动过程

1. 教师出示鞋带绳和大孔珠子，一只手拿起一颗珠子，另一只手捏住鞋带绳的一头，将绳子头对准珠子孔，给宝宝看；然后，将绳子头穿进珠子孔中，再从孔的另一端拉出绳子头；用同样方法将珠子穿完，并向宝宝展示成品；最后，将大孔珠子一颗一颗取下，放回收纳筐内，并把鞋带绳折叠整理好。

   师：“今天我们来穿珠子，看看谁的小手最灵巧！宝宝先来看我是怎么穿的。”

2. 教师向家长简单介绍本次探索活动的重点和目的，并邀请宝宝上前取收纳筐。

   师：“今天的探索活动的目的依旧是让宝宝练习穿珠子，但操作的玩具相对于之前的动物串珠来说，难度增加了，因为宝宝使用的绳子只有短短的一小截是硬的。可能在一开始，宝宝需要较长时间去对准和穿入。家长要耐心鼓励宝宝，在宝宝求助时，适当给予帮助，帮他拿好珠子。多次练习后，鼓励宝宝独立尝试。”

3. 宝宝进行探索和操作，家长引导宝宝，并适时进行互动。教师观察宝宝的探索情况及家长与宝宝的互动情况，适时给予指导。
4. 活动结束，家长引导宝宝将收纳筐送回教师指定的地方。

给家长的话

穿珠子是一项特别值得推荐的、能够促进宝宝手指精细动作发展的活动，并且材料简单，容易自制，方便随时游戏。此外，它对培养宝宝做事情的专注力特别有帮助。在家中，家长可以和宝宝一起玩穿珠子，体验亲子互动的乐趣。

给教师的建议

要仔细观察宝宝使用穿珠子教具的情况，判断提供的材料的难易程度是否合适。

休息时间：播放轻音乐

宝宝喝水、如厕，教师面向集体分享育儿方法

或与个别家长做沟通反馈。

第二部分

运动时光　坐小船

活动目标

1. 愿意在游戏中感受平衡。
2. 体验亲子游戏的快乐。

活动准备

实物：长方形毯子（120cm × 150cm）每个家长一条、小鱼玩偶若干。

活动过程

1. 热身活动“蜗牛爬”。

   教师请家长坐在地上，伸直双腿，宝宝坐在家长的腿上，面向家长双手抱住家长的腰。家长双手撑地，双腿一伸一曲，向前移动。此游戏可反复进行，达到热身目的后即可停止。

2. 教师发给每个家长一条长方形毯子，并指导家长将毯子一条窄边上的两个角打成一个结，让宝宝躺在毯子上，双手抓住毯子的两条宽边，双脚抵住打好的结。

3. 教师引导家长抓住毯子另一条窄边上的两个角，模仿开船的样子，缓

缓地拉动毯子，在场地中缓慢前进。

4. 若宝宝适应得好，教师可以引导家长拉着毯子进行缓慢旋转、加快速度前进等活动。

5. 教师在场地内撒一些小鱼玩偶，在毯子“小船”前行的过程中鼓励宝宝去捡，并将“钓”到的小鱼玩偶放到自己的毯子内。此游戏可反复进行，直到场地中的小鱼玩偶全部捡完。

6. 教师根据宝宝和家长的体能情况适时结束游戏并收起玩教具。家长和宝宝坐在原地休息。

给家长的话

家长在拉动毯子的过程中必须是弯下腰的，保证宝宝的臀部和腿部都能接触到地面。如果家长将身子抬得太高，那么宝宝很难保持平衡。家长在拉动“小船”的同时，要观察宝宝的反应。有的宝宝身体平衡控制得不是很好，家长可以让宝宝以头部抵住打结处的姿势躺下，这样，宝宝面向家长会更有安全感，但宝宝需靠自身腰腹力量抬起上半身。家长要控制好拉毯子的速度，保障宝宝的安全。在家庭中，家长可以多带宝宝玩一玩此类游戏。

给教师的建议

本次活动中，在家长拉动毯子的时候，教师要密切关注安全问题，如毯子上的结有没有打紧，或在毯子被拉动时宝宝在上面有没有坐稳等。若发现问题，及时叫停，避免发生危险。

舒缓放松　不倒翁

活动准备

实物：玩具娃娃一个、长方形软垫每个家长一个。

活动过程

1. 教师盘腿坐在长方形软垫上，面向家长与宝宝。宝宝坐在家长的怀里，家长坐在长方形软垫上。
2. 教师示范游戏玩法。教师一边按摩玩具娃娃的肩膀，一边说儿歌。当说到“不倒翁，翁不倒，怀里坐着小宝宝”时，身体有节奏地摇动；当说到“东歪歪，西歪歪”时，双手扶住玩具娃娃腋下，身体分别向左、右大幅度地倾斜；当说到最后一句“摇来摇去摇不倒”时，双手扶住玩具娃娃腋下，身体快速向后躺下去，然后再坐起来。
3. 家长模仿教师的动作，一边学说儿歌一边进行游戏。

16

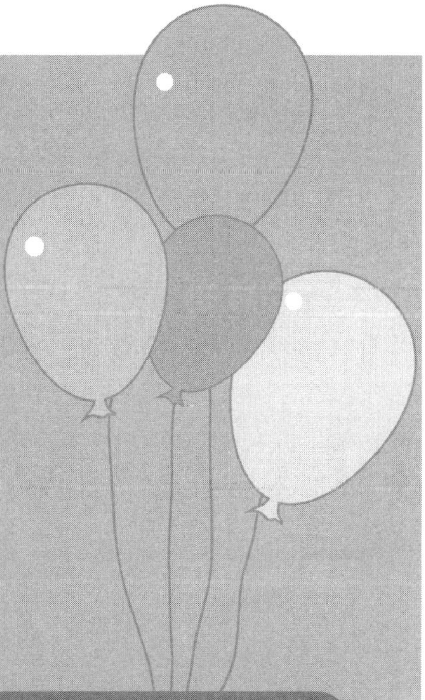

第十六周

第十六周课程预览

课程结构	活动流程	活动名称	时　长
第一部分	趣味热身	萝卜白菜	5 分钟
	亲子游戏	大鼓小鼓	15 分钟
	探索发现	拔萝卜	5 分钟
	休　　息		10 分钟
第二部分	运动时光	滑板车	20 分钟
	舒缓放松	不倒翁	5 分钟

第一部分

趣味热身　萝卜白菜

活动准备

1. 实物：扭扭圈每个宝宝一对、浴巾每个家庭一条、玩具娃娃一个。
2. 推荐音乐：《间奏曲》。

活动过程

1. 家长坐在浴巾上，围坐成一个圆圈。宝宝坐在家长的身前或腿上，两只手分别握住扭扭圈。

   师："请家长每人取一条浴巾并坐在上面，让宝宝坐在您的身前或腿上，我们帮助宝宝活动活动身体吧！"

2. 播放音乐《间奏曲》，教师跟随音乐节奏与儿歌示范简单的动作。家长模仿教师的动作，并帮助宝宝完成示范动作。

   师："胡萝卜，大白菜（家长握住宝宝的肘关节，有节奏地将宝宝的手臂打开、合上，反复完成开合拍手的动作），嫩豆腐，鲜牛奶（家长握住宝宝的指尖并将宝宝手臂轻轻拉直，完成上下拉动或抖动的动作），红苹果，绿黄瓜（家长有节奏地轻拍宝宝腹部三次、轻轻按压三次），吃的多，长得快（家长扶住宝宝腋下，让宝宝借力有节奏地向上跳）。"

亲子游戏　大鼓小鼓

活动目标

1. 初步感知音乐中的固定节拍。
2. 喜欢参加亲子游戏。

活动准备

1. 实物：地鼓一个、小鼓每人一个。
2. 推荐音乐：《大鼓和小鼓》。

活动过程

1. 教师出示地鼓和小鼓，边说儿歌边拍击地鼓和小鼓，引起宝宝的兴趣。

师："今天，我请来了我的两位好朋友。大鼓的声音咚咚，小鼓的声音咚咚咚；声音大的是大鼓，它的名字叫地鼓，声音小的是小鼓；咚咚（这是地鼓），咚咚咚（这是小鼓）。"

2. 教师清唱歌曲，家长引导宝宝通过挥手和拍手的动作感受音乐中的固定节拍。

师："接下来，老师给宝宝唱一首关于大鼓和小鼓的歌。你们可以学一学老师的样子，和我一起来挥手和拍手。"

3. 教师播放音乐《大鼓和小鼓》，并跟随音乐做相应的挥手和拍手的动作。家长引导和协助宝宝模仿教师拍出固定的节拍。

师："稍后我们一起听一听《大鼓和小鼓》的音乐。当听到大鼓的声音'咚咚'时，我们就用力地拍两次手；当听到小鼓的声音'咚咚咚'时，我们就轻轻地拍三次手。"

4. 教师出示小鼓，并分发给家长和宝宝每人一个小鼓。家长引导宝宝探索小鼓后，跟随教师一起哼唱歌曲，并鼓励宝宝尝试有节奏地拍一拍小鼓，发出"咚咚"和"咚咚咚"的声音。

5. 教师播放音乐《大鼓和小鼓》，家长引导宝宝跟随音乐挥手和拍手。当唱到"咚咚"和"咚咚咚"时，分别有节奏地拍小鼓两次和三次。

师："现在，我们听着好听的音乐和小鼓一起做游戏啦！请宝宝和我一起拍拍小鼓！”

6. 活动结束，家长引导宝宝将小鼓送回教师指定的地方。

给家长的话

13—18个月的宝宝已经能够听懂很多他们还不会说的话，也能够听懂越来越多的指令并做出回应，只是回应的速度相对慢一些。《大鼓和小鼓》这首曲子歌词和旋律都很简单，非常适合家长和宝宝一起玩指令互动游戏。例如，家长可以哼唱歌曲，让宝宝做出相应的敲鼓动作。当宝宝听到家长哼唱时，他们也会学着哼唱，特别是当妈妈哼唱宝宝熟悉的歌曲时，他们会非常开心。

给教师的建议

13—18个月的宝宝已经逐渐会用单字表达了。教师在活动中除了不断通过自己的行为引导家长，使家长在面对宝宝说话时说得慢、清楚、简单外，还可以借助一些旋律优美、歌词简单、容易模仿和哼唱的音乐设计游戏活动，让宝宝在语言游戏或音乐游戏中，逐渐练习发连续音节，并感受音乐中语言节奏的快慢。

探索发现　拔萝卜

活动目标

1. 能用三指捏的方式拔出玩具萝卜并放进洞里。
2. 提升手眼协调能力。

活动准备

实物：拔萝卜玩具每个宝宝一份。

活动过程

1. 教师出示拔萝卜玩具，然后借助儿歌引起宝宝探索的兴趣。

师：“拔萝卜、拔萝卜，小兔子肚子饿，快来一起拔萝卜。宝宝也来试试吧！”

教师一只手扶住玩具底座，另一只手用三指捏的方式将萝卜按自上而下、从左到右的顺序逐一拔出，放在底座旁边；所有萝卜都被拔出后，再进行视觉对比，即捏起一个萝卜与洞进行大小对比，大小合适便放进去，不合适就找下一个洞尝试。用相同的方法将萝卜一一放回合适的洞里。

2. 教师向家长简单介绍本次探索活动的重点和目的，并邀请宝宝上前来取拔萝卜玩具。

   师："今天的探索活动主要是让宝宝将萝卜拔出来和放进洞里，目的是提升宝宝的手眼协调能力。家长在引导宝宝探索的时候，需要耐心等待，不要急于上手帮忙，给宝宝留出自己摆弄和探索的时间。"

3. 宝宝进行探索和操作，家长引导宝宝，并适时进行互动。教师观察宝宝的探索情况及家长与宝宝的互动情况，适时给予指导。

4. 活动结束，家长引导宝宝将拔萝卜玩具送回教师指定的地方。

给家长的话

在宝宝的探索过程中，家长一定要多用结构简单的句子与宝宝交谈，不断地给宝宝语言上的刺激。这个时候的宝宝想说的话远远多于会说的、能说的。在探索的过程中，家长可以结合宝宝的动作行为，给出一些简单的解释性的语言。这样，宝宝会在温暖的回应中萌发积极的交流兴趣和探索欲望，促进语言发展。

给教师的建议

13—18个月的宝宝是有能力将简单的东西放入模型或相应的盒子中的，也会坚持独立尝试各种行为。此时，教师一定要提示家长给宝宝探索的时间和空间，不要急于上手帮忙，使宝宝在自己的活动中有发展、有发现。

休息时间：播放轻音乐

宝宝喝水、如厕，教师面向集体分享育儿方法

或与个别家长做沟通反馈。

第二部分

运动时光　滑板车

活动目标

1. 愿意在家长的帮助下，尝试用不同的动作在滑板车上滑动。
2. 感受亲子游戏的快乐。

活动准备

实物：滑板车每个宝宝一辆。

活动过程

1. 热身活动“蜗牛爬”。

   教师请家长坐在地上，伸直双腿，宝宝坐在家长的腿上，面向家长双手抱住家长的腰。家长双手撑地，双腿一伸一曲，向前移动。此游戏可反复进行，达到热身目的后即可停止。

2. 教师出示滑板车，并介绍滑板车的相关特点，如有4个轮子、2个把手，可以随时向多个方向移动等。
3. 教师发给每个宝宝一辆滑板车，并引导家长带领宝宝在教室中推一推滑板车，让宝宝初步感受滑板车。

4. 教师请宝宝盘腿坐在滑板车上，双手握住车两侧的把手。家长扶住滑板车的边缘，并尝试在原地轻轻推动滑板车。
5. 教师引导家长慢慢推动滑板车，使滑板车在教室中缓慢移动起来。教师根据宝宝的情绪稳定情况和家长的体力情况适时结束活动。
6. 教师请宝宝趴在滑板车上，提示宝宝头抬起，双手抓住车两侧的把手或者正前方的边缘。待宝宝趴稳后，家长可尝试在原地轻轻转动滑板车，让宝宝初步体验趴在车上移动的感受。
7. 教师引导家长慢慢推动滑板车，使滑板车在教室中缓慢移动起来。教师根据宝宝的情绪稳定情况和家长的体力情况适时结束活动。
8. 活动结束，教师收起教具，家长和宝宝坐在原地休息。

给家长的话

滑板车是非常经典的感统教具，对宝宝前庭觉的发展有很强的促进作用。但是，由于宝宝是坐或者趴在上面的，因此，挑战性也很大。很多宝宝在初期接触滑板车时是有抵触情绪的，因此，家长在活动时要密切关注宝宝的情绪。若有抗拒的情况出现，应及时停止活动，待宝宝情绪稳定后再进行活动。

给教师的建议

滑板车是经典教具，也是具有一定危险性的教具。因此，在进行滑板车游戏时，教师应优先考虑安全因素。只有在确保安全的情况下，才能进行活动。在活动刚开始时，一定要着重介绍车的特点和注意事项，并且不要太快进入移动环节，待宝宝和家长充分感受车的特性后，再逐渐推进新的教学内容。

舒缓放松　不倒翁

活动准备

实物：玩具娃娃一个、长方形软垫每个家长一个。

活动过程

1. 教师盘腿坐在长方形软垫上，面向家长与宝宝。宝宝坐在家长的怀里，家长坐在长方形软垫上。
2. 教师示范游戏玩法。教师一边按摩玩具娃娃的肩膀，一边说儿歌。当说到“不倒翁，翁不倒，怀里坐着小宝宝”时，身体有节奏地摇动；当说到“东歪歪，西歪歪”时，双手扶住玩具娃娃腋下，身体分别向左、右大幅度地倾斜；当说到最后一句“摇来摇去摇不倒”时，双手扶住玩具娃娃腋下，身体快速向后躺下去，然后再坐起来。
3. 家长模仿教师的动作，一边学说儿歌一边进行游戏。

17

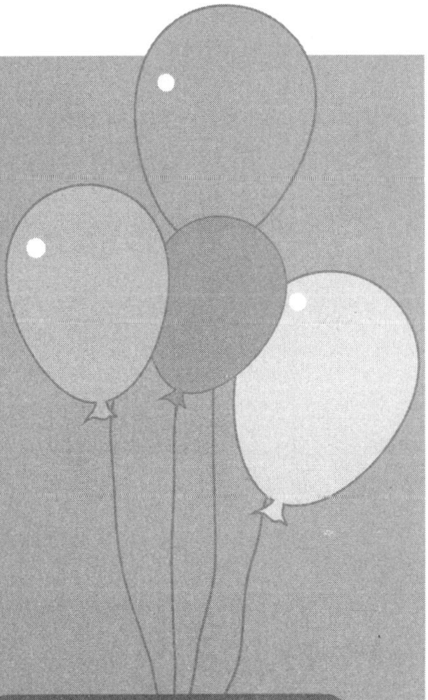

第十七周

第十七周课程预览

课程结构	活动流程	活动名称	时　长
第一部分	趣味热身	萝卜白菜	5 分钟
	亲子游戏	大脚丫小脚丫	15 分钟
	探索发现	捉虫游戏盒	5 分钟
	休　　息		10 分钟
第二部分	运动时光	彩虹伞	20 分钟
	舒缓放松	拉大锯扯大锯	5 分钟

第一部分

趣味热身　萝卜白菜

活动准备

1. 实物：扭扭圈每个宝宝一对、浴巾每个家庭一条、玩具娃娃一个。
2. 推荐音乐：《间奏曲》。

活动过程

1. 家长坐在浴巾上，围坐成一个圆圈。宝宝坐在家长的身前或腿上，两只手分别握住扭扭圈。

   师："请家长每人取一条浴巾并坐在上面，让宝宝坐在您的身前或腿上，我们帮助宝宝活动活动身体吧！"

2. 播放音乐《间奏曲》，教师跟随音乐节奏与儿歌示范简单的动作。家长模仿教师的动作，并帮助宝宝完成示范动作。

   师："胡萝卜，大白菜（家长握住宝宝的肘关节，有节奏地将宝宝的手臂打开、合上，反复完成开合拍手的动作），嫩豆腐，鲜牛奶（家长握住宝宝的指尖并将宝宝手臂轻轻拉直，完成上下拉动或抖动的动作），红苹果，绿黄瓜（家长有节奏地轻拍宝宝腹部三次、轻轻按压三次），吃的多，长得快（家长扶住宝宝腋下，让宝宝借力有节奏地向上跳）。"

亲子游戏　大脚丫小脚丫

活动目标

1. 初步感知音乐中欢快的旋律。

2. 喜欢参加亲子音乐游戏。

活动准备

1. 实物：丝带棒每人两根。

2. 推荐音乐：《大脚丫小脚丫》。

活动过程

1. 教师坐好并屈膝，双手撑在身体两侧，通过抬腿伸脚的方式引出主题。

师："今天，我们一起玩一个脚丫比大小的游戏。伸出你的脚丫，和妈妈的脚丫比一比，谁的脚丫大？谁的脚丫小呢？"

2. 教师清唱歌曲，并跟随歌词内容晃动身体、抬腿、踏脚，表演歌曲。家长引导宝宝模仿教师的动作。

师："谁的脚丫大？妈妈的脚丫大，妈妈的脚丫踏踏踏，高兴地踏踏踏。谁的脚丫小？宝宝的脚丫小，宝宝的脚丫踏踏踏，高兴地跑跑跑。"

3. 教师播放音乐《大脚丫小脚丫》。家长引导和协助宝宝跟随音乐模仿教师的动作，感受音乐中欢快的旋律。

师："我们跟着好听的音乐一起踏踏脚。"

4. 教师出示丝带棒，并分发给家长和宝宝每人两根丝带棒。家长引导宝宝探索丝带棒，跟随教师一起哼唱歌曲旋律，并鼓励宝宝尝试有节奏地挥一挥丝带棒。

5. 教师播放音乐《大脚丫小脚丫》，家长引导宝宝跟随音乐有节奏地晃动丝带棒，再次感受音乐中欢快的旋律。

师："现在，我们跟着好听的音乐一起来跳舞啦！请宝宝和我一起晃动手中的丝带棒！"

6. 活动结束，家长引导宝宝将丝带棒送回教师指定的地方。

给家长的话

像这样说说唱唱的活动，在家里家长随时可以和宝宝一起玩。当家长带着愉悦的情绪和宝宝一起游戏时，能更好地调动宝宝的情绪。从小欣赏、感受、表现音乐，宝宝的情绪表达能力也会比较好。

给教师的建议

教师在设计活动时，一定要思考用什么样的游戏方式能让家长参与到活动的互动环节中来。家长在游戏中给予宝宝的积极回应、支持和引导是宝宝学习时最有价值的资源，即便是吐舌头、挠痒痒、蒙住脸，对于一岁多的宝宝来说也都是非常重要的。经常有目的地重复这些活动，能够引发宝宝良好的情绪，使宝宝在简单的动作模仿类游戏中能够更迅速地感知，并在玩中不断地做出有创意的反应，促进宝宝的认知发展。

探索发现　捉虫游戏盒

活动目标

1. 能够使用磁力吸棒将小虫从树洞里吸出来。
2. 发展手眼协调能力，提高精准度。

活动准备

实物：捉虫游戏盒每个宝宝一个。

活动过程

1. 教师出示捉虫游戏盒，然后借助儿歌引起宝宝探索的兴趣。

师："树洞里面好多虫，快快拿起吸棒来捉虫。小小吸棒真厉害，一条一条吸出来！"

教师一只手扶好游戏盒，另一只手握好磁力吸棒，对准一个树洞轻碰里面的小虫，然后抬起手，将小虫吸出树洞，取下小虫放在游戏盒旁边。采用相同的方法将树洞中的小虫逐一吸出。最后，捏住小虫的头部将小虫逐一插回树洞中。

2. 教师向家长简单介绍本次探索活动的重点和目的，并邀请宝宝上前来取捉虫游戏盒。

师："今天的探索活动主要是让宝宝利用磁力吸棒，将树洞中的小虫精准地吸出来，目的是在反复练习中提高宝宝的耐力和精准度。在宝宝的探索过程中，家长一定要重点关注宝宝是否愿意用磁力吸棒将小虫从树洞里精准地吸出来，以及全部吸出来后宝宝能否将小虫精准地插回树洞中。"

3. 宝宝进行自由探索和操作，家长引导宝宝，并适时进行互动。教师观察宝宝的探索情况及家长与宝宝的互动情况，适时给予指导。

4. 活动结束，家长引导宝宝将捉虫游戏盒送回教师指定的地方。

给家长的话

一岁多的宝宝特别喜欢发现和摆弄细小的物品，有能力独自玩一些动手游戏，喜欢单独玩或观看别人游戏。当宝宝专注地观看他人游戏时，他们能够通过模仿简单的动作获取直观经验。家长一定不要急于打断宝宝观察学习的过程。

给教师的建议

磁力教具特别受宝宝喜欢，教师可以多选择难度适合这个年龄段宝宝的磁力教具投放。教师根据每个年龄段宝宝的发展指标选择适宜难度的教具的能力特别重要。

休息时间：播放轻音乐

宝宝喝水、如厕，教师面向集体分享育儿方法

或与个别家长做沟通反馈。

第二部分

运动时光　彩虹伞

活动目标

1. 敢于独立参与到游戏之中。
2. 体验集体游戏的快乐。

活动准备

1. 实物：彩虹伞一个。
2. 推荐音乐：《康城赛马》。

活动过程

1. 热身活动“康城赛马”。

教师结合音乐节奏带领宝宝和家长在教室中跑动，并模仿不同的骑马动作，活动全身，达到热身的效果。

2. 热身结束，教师请家长和宝宝站在原地休息。教师出示彩虹伞，并将伞打开平铺于教室中间。请家长引导宝宝观察彩虹伞的形状和颜色。

师：“请宝宝看一看彩虹伞上面都有什么颜色。你能大声地说出来吗？”

3. 彩虹伞游戏。

（1）彩色大波浪。

教师带领家长和宝宝一起双手握住伞的边缘。教师发出“向上、向下”的指令，与家长和宝宝一起抖动彩虹伞，制造波浪的效果。

（2）彩色大转盘。

教师带领宝宝与家长一起双手握住伞的边缘，共同沿一个方向走，让彩虹伞转动起来。

（3）彩色的天空。

教师请宝宝坐在伞下，教师与家长双手握住伞的边缘。当听到教师发出转动彩虹伞的指令后，共同沿一个方向走，转动彩虹伞，并在伞转动的过程中抖动彩虹伞，制造波浪的效果。

4. 教师根据宝宝的情绪稳定情况和参与度适时结束游戏，并收起彩虹伞，请家长和宝宝坐在原地休息。

给家长的话

彩虹伞是非常经典的教具，它可以对宝宝的视觉产生非常强烈的刺激，从而发展宝宝的前庭觉。它还是一个非常适合集体玩的玩具，大人、小孩可以共同操作、合作游戏。在这个过程中，宝宝能够体验到集体游戏的乐趣。

给教师的建议

“彩色大波浪”游戏中，彩虹伞抖动的幅度可根据宝宝的活动情况调整。“彩色大转盘”游戏中，转动的速度可快可慢。“彩色的天空”游戏中，若宝宝感到不适应，出现哭闹或不参与活动的情况，可由一名家长在伞下陪同宝宝参与活动；若仍不适应，请宝宝退出活动，在一旁观看，以免发生危险。

舒缓放松　拉大锯扯大锯

活动准备

实物：玩具娃娃一个。

活动过程

1. 教师引导家长与宝宝面对面坐好，宝宝两脚蹬住家长的腿。

2. 教师示范，家长模仿教师边说儿歌边与宝宝手拉手做拉伸的动作。拉伸的过程中可以让宝宝躺下，家长的身体也要尽量往后，使宝宝身体屈伸的程度最大化。

师：“拉大锯、扯大锯，咱们家里唱大戏，大戏里面也有你，快快起来唱两句！拉大锯、扯大锯，外婆家里唱大戏，妈妈去，爸爸去，就是不带小孩子去！”

3. 游戏可以反复进行，教师根据宝宝的参与度适时结束活动。

18

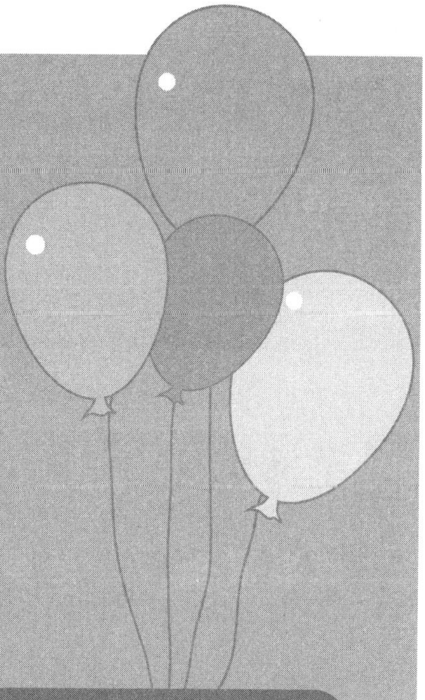

第十八周

第十八周课程预览

课程结构	活动流程	活动名称	时长
第一部分	趣味热身	萝卜白菜	5 分钟
	亲子游戏	咿呀咿呀哟	15 分钟
	探索发现	毛毛虫吃苹果	5 分钟
休息			10 分钟
第二部分	运动时光	好玩的西瓜球	20 分钟
	舒缓放松	拉大锯扯大锯	5 分钟

第一部分

趣味热身　萝卜白菜

活动准备

1. 实物：扭扭圈每个宝宝一对、浴巾每个家庭一条、玩具娃娃一个。
2. 推荐音乐：《间奏曲》。

活动过程

1. 家长坐在浴巾上，围坐成一个圆圈。宝宝坐在家长的身前或腿上，两只手分别握住扭扭圈。

   师："请家长每人取一条浴巾并坐在上面，让宝宝坐在您的身前或腿上，我们帮助宝宝活动活动身体吧！"

2. 播放音乐《间奏曲》，教师跟随音乐节奏与儿歌示范简单的动作。家长模仿教师的动作，并帮助宝宝完成示范动作。

   师："胡萝卜，大白菜（家长握住宝宝的肘关节，有节奏地将宝宝的手臂打开、合上，反复完成开合拍手的动作），嫩豆腐，鲜牛奶（家长握住宝宝的指尖并将宝宝手臂轻轻拉直，完成上下拉动或抖动的动作），红苹果，绿黄瓜（家长有节奏地轻拍宝宝腹部三次、轻轻按压三次），吃的多，长得快（家长扶住宝宝腋下，让宝宝借力有节奏地向上跳）。"

亲子游戏 咿呀咿呀哟

活动目标

1. 能模仿歌曲中动物的叫声。
2. 初步感受音乐的节奏。

活动准备

1. 实物：动物手偶（如小猪、小狗、小羊、小马、小鸡、小青蛙、小鸭子、小牛各一个），铃鼓每个宝宝一个。
2. 推荐音乐：《咿呀咿呀哟》。

活动过程

1. 教师依次出示动物手偶，引起宝宝的兴趣。

   师："今天，我请来了好多小动物，宝宝来看一看，你们都认识吗？这是谁呢？（小狗）小狗怎样叫呢？"

   教师每出示一个动物手偶，教师和家长要引导宝宝学习该动物的叫声。
2. 教师邀请宝宝上前选取一个手偶，并请家长帮助宝宝将其戴在宝宝的手上，然后引导宝宝跟随教师清唱歌曲的旋律并摆动手偶。然后，教师唱出前半句旋律，引导家长合唱"咿呀咿呀哟"。

   师："这首音乐只有一句歌词'咿呀咿呀哟'。一会儿，我哼唱前半句旋律，家长一起大声地唱出后半句'咿呀咿呀哟'。家长可以握着宝宝带手偶的胳膊跟着节奏摇一摇哦。"
3. 教师播放音乐《咿呀咿呀哟》，家长引导宝宝跟随音乐摆动手偶，并合唱"咿呀咿呀哟"。
4. 教师出示铃鼓，并邀请宝宝每人来取一个铃鼓，与教师面对面坐好。家长手上戴动物手偶，宝宝手拿铃鼓进行探索。
5. 教师播放音乐《咿呀咿呀哟》，家长跟随音乐有节奏地摆动手偶，宝宝尝试有节奏地拍击铃鼓。
6. 活动结束，家长引导宝宝将铃鼓及手偶送回教师指定的地方。

给家长的话

这首歌曲中没有大量的歌词，整首歌只有一句“咿呀咿呀哟”，但隐藏着好多小动物的叫声。我们通过不同形式让宝宝感受音乐，同时又让宝宝在与手偶的互动中模仿小动物的叫声。对于处于语言敏感期的宝宝来说，多听、多模仿、多重复是刺激他们语言发展的有效办法。此歌曲中的“咿呀咿呀哟”这一句话读音简单，非常适合刚学说话的宝宝发音。

给教师的建议

一岁半的宝宝已经会自由行走了，要想吸引刚学会行走的宝宝专注地参加活动，教师一定要做好充分的准备。活动设计要抓住宝宝的年龄特点，活动环节要丰富，找到这个年龄段宝宝的兴趣点，用他们喜欢的玩教具引发其兴趣等。

探索发现　毛毛虫吃苹果

活动目标

1. 能将毛毛虫穿进苹果洞里。
2. 提升手眼协调能力。

活动准备

实物：毛毛虫吃苹果玩具每个家庭一套。

活动过程

1. 教师出示毛毛虫吃苹果玩具，并示范操作方法。

师：“我今天拿来了一个苹果，有一只毛毛虫很饿很饿，它要吃苹果。宝宝来看毛毛虫是怎样吃苹果的。”

教师一只手拿苹果，另一只手捏住带绳子的毛毛虫的身体，找到苹果上任意一个洞口，将毛毛虫的头部穿进洞里，并推动毛毛虫的身体，从洞的另一端将毛毛虫拉出来；采用相同的方法，直至毛毛虫无法钻洞；最后，按绳子的缠绕方向，沿反方向将毛毛虫穿出，直至绳子不再缠绕于苹果洞中。

2. 教师分发给每个家庭一套毛毛虫吃苹果玩具，并向家长简单介绍本次探索活动的重点和目的。

师："今天的探索活动主要是练习穿的动作，促进宝宝手眼协调能力和手部精细动作的发展。在操作时，宝宝只要将毛毛虫穿过苹果上的洞就可以，家长不用担心绳子是否绕对。在宝宝完成操作后，家长协助宝宝沿反方向将毛毛虫穿出，让宝宝继续操作即可。在宝宝专注探索玩具的时候，家长做一个观察者就好，不要过多地打扰宝宝。"

3. 宝宝进行探索和操作，家长引导宝宝，并适时进行互动。教师观察宝宝的探索情况及家长与宝宝的互动情况，适时给予指导。

4. 活动结束，家长引导宝宝将玩具送回教师指定的地方。

给家长的话

宝宝自由探究毛毛虫反复钻洞的过程，能够很好地促进宝宝触觉、视觉的发展，提高手部动作的准确性。家长在陪伴宝宝自由探索时应注意观察他的专注度和动作的协调程度，一定要等到必要时才给予宝宝适当的引导和帮助。宝宝在一到两岁时很容易对小而精致的东西特别感兴趣。当宝宝在聚精会神地反复研究如何让毛毛虫穿过苹果洞时，家长需要做的是耐心等候，而不是过多地给予无意义的鼓励或过多的言语干预。

给教师的建议

教师在设计活动或探索游戏时，一定要多考虑宝宝动手能力的培养。手是我们身体部位中最伟大的工具之一，宝宝更是在用手思考。这一点，教师一定要让家长明确。从开始的吸吮手指、喜欢把抓到的东西往嘴里填塞、把拿起来的东西扔掉，到后来的翻拉盒子、把盒子里面的东西倒出来、把外面的东西塞进去等，他们都乐此不疲。对于宝宝来说，每一个动手环节都是他们获取经验和发展认知的有效途径。家长在面对一岁多的宝宝时，会因为各种原因抑制不住地想要控制宝宝手上的动作，剥夺宝宝使用手的机会，教师一定要注意多强调、多引导。

休息时间：播放轻音乐

宝宝喝水、如厕，教师面向集体分享育儿方法

或与个别家长做沟通反馈。

第二部分

运动时光　好玩的西瓜球

活动目标

1. 锻炼手眼协调能力。
2. 体验合作游戏的快乐。

活动准备

1. 实物：西瓜球每个宝宝一个，球框一个。
2. 推荐音乐：《康城赛马》。

活动过程

1. 热身活动“康城赛马”。

教师结合音乐节奏带领宝宝及家长在教室中跑动，并模仿不同的骑马动作，活动全身，达到热身的效果。

2. 教师发给每个宝宝一个西瓜球，请家长与宝宝在教室中自由玩球。

师：“家长可以用不同的方法与宝宝玩球。宝宝做得好时，家长一定要给予及时的语言鼓励。”

3. 推球游戏。教师请家长和宝宝面对面站好（宝宝站，家长跪或蹲）。家

长用双手将球推给宝宝，力量不要太大，要让宝宝顺利接到球。待宝宝接到球后，家长可以对宝宝说“把球推给我”，鼓励宝宝将球推回。此游戏可反复进行，让宝宝充分理解“推”的动作意义及游戏玩法。

4. 教师在教室一侧放置球框，请宝宝双手抱球，将球抱到球框处并将球投进球框里。教师引导家长鼓励宝宝反复捡球、投球。
5. 教师根据宝宝的体能情况适时结束活动，请家长和宝宝坐在原地休息。

给家长的话

本次活动通过玩球增进了亲子情感，同时在推球的过程中让宝宝初步感受到了合作游戏的形式与带来的快乐。在捡球、投球的过程中，宝宝锻炼了手眼协调能力和身体协调性。此游戏较为简单，家长在家中也可以经常带宝宝玩。

给教师的建议

本次活动的重点在于让宝宝初步感受合作游戏的形式，在与家长推球互动的过程中获得成就感。可引导家长在家中与宝宝进行类似的游戏，在与宝宝互动的过程中促进其全面发展。

舒缓放松　拉大锯扯大锯

活动准备

实物：玩具娃娃一个。

活动过程

1. 教师引导家长与宝宝面对面坐好，宝宝两脚蹬住家长的腿。
2. 教师示范，家长模仿教师边说儿歌边与宝宝手拉手做拉伸的动作。拉伸的过程中可以让宝宝躺下，家长的身体也要尽量往后，使宝宝身体屈伸的程度最大化。

师：“拉大锯、扯大锯，咱们家里唱大戏，大戏里面也有你，快快起来唱两句！拉大锯、扯大锯，外婆家里唱大戏，妈妈去，爸爸去，就是不带小孩子去！”

3. 游戏可以反复进行，教师根据宝宝的参与度适时结束活动。

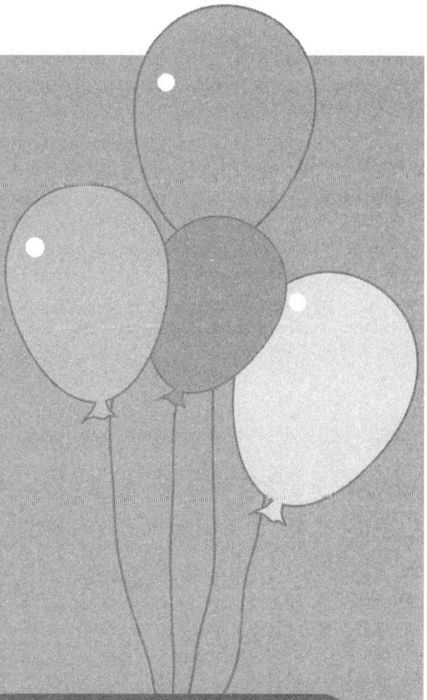

19

第十九周

第十九周课程预览

课程结构	活动流程	活动名称	时　长
第一部分	趣味热身	萝卜白菜	5 分钟
	亲子游戏	加油减速	15 分钟
	探索发现	好玩的笔袋	5 分钟
	休　　息		10 分钟
第二部分	运动时光	小马驾驾驾	20 分钟
	舒缓放松	拉大锯扯大锯	5 分钟

第一部分

趣味热身　萝卜白菜

活动准备

1. 实物：扭扭圈每个宝宝一对、浴巾每个家庭一条、玩具娃娃一个。
2. 推荐音乐：《间奏曲》。

活动过程

1. 家长坐在浴巾上，围坐成一个圆圈。宝宝坐在家长的身前或腿上，两只手分别握住扭扭圈。

   师：“请家长每人取一条浴巾并坐在上面，让宝宝坐在您的身前或腿上，我们帮助宝宝活动活动身体吧！”

2. 播放音乐《间奏曲》，教师跟随音乐节奏与儿歌示范简单的动作。家长模仿教师的动作，并帮助宝宝完成示范动作。

   师：“胡萝卜，大白菜（家长握住宝宝的肘关节，有节奏地将宝宝的手臂打开、合上，反复完成开合拍手的动作），嫩豆腐，鲜牛奶（家长握住宝宝的指尖并将宝宝手臂轻轻拉直，完成上下拉动或抖动的动作），红苹果，绿黄瓜（家长有节奏地轻拍宝宝腹部三次、轻轻按压三次），吃的多，长得快（家长扶住宝宝腋下，让宝宝借力有节奏地向上跳）。”

亲子游戏 加油减速

活动目标

1. 初步感受音乐节奏的快和慢。
2. 体验亲子音乐游戏的快乐。

活动准备

1. 实物：彩虹绳一条、腕铃每人一对。
2. 推荐音乐：《节奏乐快与慢》。

活动过程

1. 请家长让宝宝坐在自己的一只手臂上，另一个手环绕在宝宝的胸前。所有家长与教师围圈站好。
2. 教师播放音乐《节奏乐快与慢》。

   师："今天，我们来玩快慢游戏。家长将宝宝抱在胸前，让宝宝坐在您的一只手臂上，我们一起来慢慢地走和快快地跑。当听到慢节奏的乐段时，我们跟着节奏慢慢后退到教室边缘；当听到快节奏的乐段时，我们一起快快地跑到中间，一起打个招呼，说'你好'。"

   当听到慢节奏的乐段时，家长与教师一起跟随音乐节奏倒退走，走到教室边缘，直至无法再后退；当听到快节奏的乐段时，家长与教师快快地往教室中心小跑，聚集在一起打个招呼。
3. 教师出示彩虹绳，邀请宝宝和家长双手握紧彩虹绳，大家围成一个圆圈站好。

   师："请家长和宝宝双手握住彩虹绳，我们继续玩快慢游戏。当听到慢节奏的乐段时，我们慢慢地倒退走；当听到快节奏的乐段时，我们快快地往中间跑。家长的双手要握在宝宝手的两侧或直接握住宝宝的手，一定注意宝宝的安全，以宝宝的速度为主哦！"

   家长引导宝宝听教师的指令，慢慢地向后退，快快地往中间跑。
4. 教师播放音乐《节奏乐快与慢》，家长引导宝宝跟随音乐节奏慢慢地向后退或快快地往中间跑。

5. 教师出示腕铃，并邀请宝宝和家长上前来取腕铃。家长和宝宝将腕铃戴在手腕上。教师播放音乐《节奏乐快与慢》，家长拉着宝宝跟随音乐节奏的快慢向后慢走或往中间快跑。

6. 活动结束，家长引导宝宝将腕铃送回教师指定的地方。

给家长的话

这首音乐节奏快慢的变化明显，在活动中，我们通过各种游戏让宝宝感受音乐节奏的快慢变化。这个年龄段的宝宝对走路充满了兴趣，所以，活动中运用了大量的走和跑，让宝宝从四散到集中，又从集中到四散，使宝宝在感受音乐节奏的快慢变化的同时，也感受到了空间的变化。

给教师的建议

家长和宝宝基本都是在感受音乐的同时进行本次活动的。这需要教师有灵活的组织能力和语言表达能力，讲游戏的规则时语言要清晰、简洁，游戏环节结束时的总结要简练，不宜让宝宝等待太长的时间。音乐中快节奏乐段出现的时候需要小跑，教师一定要提醒家长注意宝宝的安全。

探索发现　好玩的笔袋

活动目标

1. 初步尝试拉开拉链，取出笔袋中的小玩具。

2. 锻炼手部肌肉力量。

活动准备

实物：笔袋每个宝宝一个，笔袋中分别装有4个小玩具。

活动过程

1. 教师出示笔袋，一只手拿笔袋，另一只手捏住拉链头轻轻向下拉动，拉开拉链，从笔袋中逐次取出小玩具，然后再将其一一装回笔袋，最后再次捏住拉链头向上拉动。

2. 教师向家长简单介绍本次探索活动的重点和目的，并邀请宝宝上前来取笔袋。

师："今天的探索活动主要练习的是拉拉链，目的是促进宝宝的手眼协调能力和手部精细动作的发展。在操作时，宝宝一开始拉拉链的时候还不能用双手协调地操作，家长可以适当地协助宝宝。"

3. 宝宝进行探索和操作，家长引导宝宝，并适时进行互动。教师观察宝宝的探索情况及家长与宝宝的互动情况，适时给予指导。

4. 活动结束，家长引导宝宝将玩具送回教师指定的地方。

给家长的话

宝宝在探索的过程中，主要都是在模仿成人的动作，通过反复的练习发展小肌肉动作，提升手眼协调能力和专注力。但是，他们也时常会因力不从心，如打不开笔袋、拉不上拉链等而感到沮丧或产生暴躁情绪。此时，家长不要用简单直接的方式帮助宝宝马上完成他们准备放弃的事情，而是要通过观察和循序渐进的引导，帮助宝宝疏导情绪，找寻解决方法，培养积极的情绪情感。

给教师的建议

教师在设计活动和为宝宝选择探索材料时，除了要坚持形式多样、能够吸引宝宝外，还要注意宝宝此时的能力水平，关注宝宝有待提升与发展的方面。13—18个月的宝宝的探索活动主要围绕精细动作的发展、手眼协调及观察比对等能力的提高而开展。此时，宝宝可以尝试探索并基本完成如镶嵌拼图、按颜色和形状进行配对、开关盒子、翻找物品、按照大小和形状进行套叠等活动，教师可以根据宝宝的当前水平进行选择。

休息时间：播放轻音乐

宝宝喝水、如厕，教师面向集体分享育儿方法

或与个别家长做沟通反馈。

第二部分

运动时光　小马驾驾驾

活动目标

1. 能够在游戏中快速走。
2. 体验合作游戏的快乐。

活动准备

1. 实物：呼啦圈每个宝宝一个、自制红灯和绿灯牌子各一个。
2. 推荐音乐：《康城赛马》。

活动过程

1. 热身活动“康城赛马”。

   教师结合音乐节奏带领宝宝及家长在教室中跑动，并模仿不同的骑马动作，活动全身，达到热身的效果。
2. 热身结束，教师发给每个宝宝一个呼啦圈，引导家长将呼啦圈套在宝宝的身上，放于宝宝的腋下夹好。家长在宝宝身后双手握住呼啦圈，控制宝宝前进的方向、速度。
3. 教师引导家长鼓励宝宝向前快走，也可以跑起来。教师和家长不断地

用语言鼓励宝宝。

师："我们一起变成小马，看看谁家的小马跑得快。"

4. 教师出示红灯和绿灯牌子，并介绍游戏规则。

师："当红灯牌子举起时，所有的小马停下来不动；当绿灯牌子举起时，所有的小马向前跑起来。"

5. 教师根据宝宝的体能情况适时结束活动。

6. 活动结束，教师收起教具，请家长与宝宝坐在原地休息。

给家长的话

本次活动重点练习快走的动作。通过套在宝宝身上的呼啦圈，家长可以调节前后左右方向和快慢速度。所以，在宝宝快走的过程当中，家长主要起到的是辅助和保护的作用。快走的时候，家长要引导宝宝先从走直线开始。这个游戏以后可以慢慢过渡为跑的练习。

给教师的建议

本次活动的主要目的在于练习快走，这为日后跑的动作练习做了准备。因此，在活动中，教师要提示家长不断给予宝宝语言上的鼓励，激励他不停地、快速地向前走，消耗体能，增强腿部肌肉力量。

舒缓放松　拉大锯扯大锯

活动准备

实物：玩具娃娃一个。

活动过程

1. 教师引导家长与宝宝面对面坐好，宝宝两脚蹬住家长的腿。

2. 教师示范，家长模仿教师边说儿歌边与宝宝手拉手做拉伸的动作。拉伸的过程中可以让宝宝躺下，家长的身体也要尽量往后，使宝宝身体屈伸的程度最大化。

师："拉大锯、扯大锯，咱们家里唱大戏，大戏里面也有你，快快起来唱两句！拉大锯、扯大锯，外婆家里唱大戏，妈妈去，爸爸去，就是不带小孩子去！"

3. 游戏可以反复进行，教师根据宝宝的参与度适时结束活动。

第二十周课程预览

课程结构	活动流程	活动名称	时 长
第一部分	趣味热身	萝卜白菜	5 分钟
	亲子游戏	咯吱咯吱哈哈笑	15 分钟
	探索发现	会发声的滚滚球	5 分钟
	休 息		10 分钟
第二部分	运动时光	小老鼠抓尾巴	20 分钟
	舒缓放松	拉大锯扯大锯	5 分钟

第一部分

趣味热身　萝卜白菜

活动准备

1. 实物：扭扭圈每个宝宝一对、浴巾每个家庭一条、玩具娃娃一个。
2. 推荐音乐：《间奏曲》。

活动过程

1. 家长坐在浴巾上，围坐成一个圆圈。宝宝坐在家长的身前或腿上，两只手分别握住扭扭圈。

   师："请家长每人取一条浴巾并坐在上面，让宝宝坐在您的身前或腿上，我们帮助宝宝活动活动身体吧！"

2. 播放音乐《间奏曲》，教师跟随音乐节奏与儿歌示范简单的动作。家长模仿教师的动作，并帮助宝宝完成示范动作。

   师："胡萝卜，大白菜（家长握住宝宝的肘关节，有节奏地将宝宝的手臂打开、合上，反复完成开合拍手的动作），嫩豆腐，鲜牛奶（家长握住宝宝的指尖并将宝宝手臂轻轻拉直，完成上下拉动或抖动的动作），红苹果，绿黄瓜（家长有节奏地轻拍宝宝腹部三次、轻轻按压三次），吃的多，长得快（家长扶住宝宝腋下，让宝宝借力有节奏地向上跳）。"

亲子游戏　咯吱咯吱哈哈笑

活动目标

1. 感受挠痒痒游戏带来的愉悦情绪。
2. 体验亲子互动游戏的乐趣。

活动准备

1. 实物：大、小羽毛每人各一根。
2. 推荐音乐：《咯吱咯吱哈哈笑》。

活动过程

1. 教师出示一根白色的大羽毛。

   师："今天，我们一起用我手中的大羽毛玩挠痒痒的游戏。"

2. 教师清唱歌曲，并用手中的大羽毛在宝宝的脸上轻轻地触碰，让宝宝感受用羽毛挠痒痒的乐趣。

   师："咯吱咯吱哈哈笑，咯吱咯吱哈哈笑……我的大羽毛和每个宝宝都玩了挠痒痒的游戏，宝宝是不是很喜欢呢？"

3. 教师播放音乐《咯吱咯吱哈哈笑》。家长模仿教师的动作，并跟随音乐，在宝宝的腋下、手心、脚心玩挠痒痒的游戏。

   师："我们跟着好听的音乐一起玩挠痒痒的游戏吧。请家长和宝宝面对面坐好，家长结合音乐用食指在宝宝的腋下、手心、脚心挠痒痒。"

4. 教师出示彩色的小羽毛，并分发给家长和宝宝每人一根。结合音乐，家长和宝贝相互用羽毛挠痒痒。

   师："宝宝快看，老师给大家带来了彩色的小羽毛。小羽毛最喜欢在你们的脸上、手心、脚心亲亲了，我们一起用小羽毛来玩挠痒痒的游戏吧！"

5. 教师出示大羽毛，并分发给家长和宝宝每人一根，然后播放音乐《咯吱咯吱哈哈笑》。家长引导宝宝再次感受音乐旋律和挠痒痒的乐趣。

   师："老师今天还为你们准备了大羽毛。刚刚妈妈用小羽毛给我们挠痒痒，现在宝宝也可以用大羽毛给妈妈挠痒痒哦。”

6. 活动结束，家长引导宝宝将羽毛送回教师指定的地方。

给家长的话

一岁多的宝宝对挠痒痒游戏并不陌生，很多看护人平时也喜欢用挠痒痒的方式逗宝宝玩，这种既怕又喜欢的感受对宝宝而言非常奇妙。宝宝在挠痒痒游戏中将生理反应的笑与愉悦的情绪体验建立了联系。经常玩对宝宝情感的发展、情绪的宣泄都是非常有益的，但同时也要时刻关注宝宝的状态，适度即可，注意安全。

给教师的建议

教师在设计课程和选取游戏材料时，一定不要忘记在游戏中丰富宝宝的直观体验这一原则，尽可能地让宝宝好奇、好动、好探索的天性得到满足。

探索发现　会发声的滚滚球

活动目标

1. 在玩中练习抓、拿、放的动作。
2. 发展手眼协调能力，提高动作的精准度。

活动准备

实物：发声滚滚球每个宝宝一套。

活动过程

1. 教师出示发声滚滚球，然后借助儿歌逐步示范操作方法，引起宝宝的探索兴趣。

   师：“小猴子，大嘴巴，彩色的糖豆手中拿，啊呜啊呜吃掉它……”

   教师拿起一个球，对准洞口投进去，宝宝听玩具发出的声音和观察球从上到下沿轨道滚落的过程。教师可投掷三个球，让宝宝充分地观察。

2. 教师向家长简单介绍本次探索活动的重点和目的，并邀请宝宝上前取发声滚滚球。

师："今天的探索活动主要是让宝宝边玩边练习抓、拿、放的动作，目的是发展宝宝的手眼协调能力。在探索的过程中，家长要不断地通过儿歌或简练的词语提示给宝宝更多的言语刺激。"

3. 宝宝进行自由探索和操作，家长引导宝宝，并适时进行互动。教师观察宝宝的探索情况及家长与宝宝的互动情况，适时给予指导。
4. 活动结束，家长引导宝宝将发声滚滚球玩具送回教师指定的位置。

给家长的话

好奇、好动、好探索的天性在一岁多的宝宝身上体现得特别明显，所以，家长给宝宝准备的玩具可以多种多样，但一定不要超出他们当下的水平太多。摆弄、操作或控制玩具能够促进宝宝认知水平的发展、操作经验的增加和身体各部分肌肉协调活动能力的提升。也正因为如此，宝宝才会带着兴趣反复摆弄和探索。

给教师的建议

教师为宝宝提供的玩具中除了要有积木玩具、打击乐器等，还要适当地有一些发声玩具。提供发声玩具的目的是通过视听觉刺激，使宝宝感知动作和声音之间的联系，吸引宝宝的注意力。

休息时间：播放轻音乐

宝宝喝水、如厕，教师面向集体分享育儿方法

或与个别家长做沟通反馈。

第二部分

运动时光　小老鼠抓尾巴

活动目标

1. 在游戏中锻炼四散走的能力。
2. 提升对身体的控制力。

活动准备

1. 实物：自制的老鼠尾巴每个家长一根。
2. 推荐音乐：《康城赛马》。

活动过程

1. 热身活动“康城赛马”。

   教师结合音乐节奏带领宝宝及家长在教室中跑动，并模仿不同的骑马动作，活动全身，达到热身的效果。

2. 热身结束，教师介绍游戏玩法。

   师：“有一天，小老鼠过生日，它想和它的好朋友玩一个抓尾巴的游戏。”

3. 教师出示自制的老鼠尾巴，并请家长把尾巴系在身后，鼓励宝宝来抓尾巴。家长在游戏初期可以放慢脚步，用语言鼓励宝宝通过快速走动来抓尾巴，并可以让宝宝抓住几次，以提高他的兴趣。
4. 待宝宝抓住几次尾巴后，家长可以与其商议，将尾巴系在宝宝的身后，由家长来抓尾巴。若宝宝不同意，不必强求，还按之前的方式玩即可。此游戏可反复进行，教师根据宝宝的体能状况适时结束游戏。

5. 活动结束，家长引导宝宝将老鼠尾巴送回教师指定的地方。

给家长的话

宝宝第一次玩此游戏时，家长的速度要放慢，根据宝宝的能力水平适当调整速度及躲闪的难度，尽可能让宝宝感受到抓住尾巴那一瞬间的乐趣。

给教师的建议

抓尾巴是传统的民间游戏。在亲子活动的设计过程中，教师要充分考虑中国传统民间游戏的特点，将适合此年龄段宝宝玩的游戏，经过改编应用于亲子活动中。这样既能全面发展宝宝的能力，又可彰显传统游戏的魅力。

舒缓放松　拉大锯扯大锯

活动准备

实物：玩具娃娃一个。

活动过程

1. 教师引导家长与宝宝面对面坐好，宝宝两脚蹬住家长的腿。
2. 教师示范，家长模仿教师边说儿歌边与宝宝手拉手做拉伸的动作。拉伸的过程中可以让宝宝躺下，家长的身体也要尽量往后，使宝宝身体屈伸的程度最大化。

   师：“拉大锯、扯大锯，咱们家里唱大戏，大戏里面也有你，快快起来唱两句！拉大锯、扯大锯，外婆家里唱大戏，妈妈去，爸爸去，就是不带小孩子去！”
3. 游戏可以反复进行，教师根据宝宝的参与度适时结束活动。